"十四五"职业教育国家规划教材

高等职业教育"互联网+"新形态教材·财会类专业

新编会计综合实训
（第5版）

李章红　主　编

赵德良　尹倩倩　副主编

电子工业出版社

Publishing House of Electronics Industry

北京·BEIJING

内 容 简 介

本书以2019年4月1日起执行的《财政部 税务总局 海关总署关于深化增值税改革有关政策的公告》、财政部颁布的最新企业会计准则体系、2019年6月发布的《财政部关于修订印发2019年度一般企业财务报表格式的通知》等为编写依据，更新了有关原始凭证的内容和数据，体现了最新颁布的税法和会计准则的重要内容及原则。本书既包括基础会计、财务会计、成本会计、税法、会计信息化的基本理论知识，也包括基础会计实训、财务会计实训、成本会计实训的主要内容。全书内容分为4章：第1章是会计综合实训实习指导；第2章是会计综合实训企业基本情况；第3章是会计综合实训资料；第4章是会计信息化综合实训。

本书既可作为高等职业院校财会类专业的会计实训课教材，也可作为高等职业院校经贸类专业教师的教学参考书，还可作为其他财经类专业人士实际操作的学习用书。

未经许可，不得以任何方式复制或抄袭本书之部分或全部内容。
版权所有，侵权必究。

图书在版编目（CIP）数据

新编会计综合实训 / 李章红主编. —5版. —北京：电子工业出版社，2023.8
ISBN 978-7-121-46106-4

Ⅰ. ①新… Ⅱ. ①李… Ⅲ. ①会计学—高等职业教育—教材 Ⅳ. ①F230

中国国家版本馆CIP数据核字（2023）第152626号

责任编辑：贾瑞敏
印　　刷：山东华立印务有限公司
装　　订：山东华立印务有限公司
出版发行：电子工业出版社
　　　　　北京市海淀区万寿路173信箱　邮编　100036
开　　本：787×1 092　1/16　印张：14.75　字数：378千字
版　　次：2009年5月第1版
　　　　　2023年8月第5版
印　　次：2025年1月第2次印刷
定　　价：49.80元

凡所购买电子工业出版社图书有缺损问题，请向购买书店调换。若书店售缺，请与本社发行部联系，联系及邮购电话：（010）88254888，88258888。

质量投诉请发邮件至zlts@phei.com.cn，盗版侵权举报请发邮件至dbqq@phei.com.cn。
本书咨询联系方式：邮箱fservice@vip.163.com；QQ群427695338；微信DZFW18310186571。

前言

本书第 1 版自 2009 年出版以来，承蒙广大读者厚爱，先后印刷了 22 次。自 2016 年 5 月 1 日起，财政部、国家税务总局在全国范围内全面实施营改增。根据读者反馈及编者在教学中的实践，本书增加了营改增的各项内容，修改了所有原来属于营业税范围的原始发票及其相关的原始凭证，更正了其他经济业务中不合理的原始凭证。根据 2018 年 5 月 1 日重新修订并实施的《中华人民共和国增值税暂行条例》的规定和 2019 年 4 月 1 日起执行中华人民共和国第十三届全国人民代表大会第二次会议决定再次降低增值税税率的决定，以及中华人民共和国财政部颁布的最新企业会计准则体系的主要精神，本书更新了有关原始凭证的内容和数据，以更好地服务读者。

本书贯彻党的二十大精神，在章节规划、内容编写等方面全面落实"立德树人"根本任务，根据高等职业院校财会类学生的特点，"以岗位为基础、以能力为本位"，培养学生树立历史使命感和责任担当意识，养成细致严谨、精益求精的工作态度及诚实守信、遵纪守法的职业素养，成长为能够担当民族复兴大任的时代新人。本书具有如下特点。

1. **思想性与专业性融合**

本书用微课的形式把家国情怀、工匠精神、安全意识、劳动精神等融入实操的讲解中，潜移默化地培养学生成为德才兼备的高素质会计人才。

2. **新颖性**

结合 2019 年 4 月 1 日起执行的中华人民共和国第十三届全国人民代表大会第二次会议再次降低增值税税率的决定和 2018 年 5 月 1 日重新修订并实施的《中华人民共和国增值税暂行条例》的规定，紧跟形势变化，与时俱进。

3. **仿真性**

实训资料高度仿真、各种印模的设计与企业实际发生的经济业务基本一致，实用性强，让学生在校实训时就有在企业工作的身临其境的感觉。

4. **综合性**

实训内容基于最普遍、最通用的制造业企业，体现"照顾一般，兼顾特殊"的特点，主要介绍制造业企业的会计实务操作，同时兼顾、补充商品流通企业的典型业务，使学生可以进行会计岗位的综合演练。

5. **实用性**

本书既可作为手工会计模拟实训教材，也可作为会计信息化综合实训教材。

6. 通用性

本书适用于全国所有高等职业院校的相关专业，并适用于所有的财务软件。

本书包括4章：第1章为会计综合实训实习指导；第2章为会计综合实训企业基本情况；第3章为会计综合实训资料，主要由学生根据模拟企业南方吉祥电器制造厂在一个月中发生的经济业务，进行建账、填制和审核会计凭证、登记账簿、计算产品成本、财产清查、财务成果的计算与分配，以及编制会计报表等一系列手工会计操作；第4章为会计信息化综合实训，根据实训资料进行建立账套、初始化、填制审核凭证、对账、结账、编制报表等信息化工作，将手工操作和信息化的实训结果进行钩稽对比。

本书编写人员均为会计教学和实务经验丰富的专家。丽江师范高等专科学校李章红担任主编，咸宁职业技术学院赵德良、海口时宏财务有限公司尹倩倩担任副主编。全书由李章红提出编写大纲和统稿，负责全书文字的修改、润色和定稿。具体编写分工为：第1章、第2章、第4章由赵德良编写；第3章由李章红、尹倩倩编写。

由于编者水平有限，书中难免有疏漏之处，敬请广大读者批评指正。

编 者

目 录

第1章 会计综合实训实习指导 ... 1
    1.1 会计综合实训的程序 /1
    1.2 会计综合实训的基本原则和方法 /7
    1.3 会计综合实训的考核、进度安排及所需资料 /9

第2章 会计综合实训企业基本情况 ... 11
    2.1 企业概况 /11
    2.2 企业会计机构及会计管理制度 /12

第3章 会计综合实训资料 ... 15
    3.1 会计综合实训期初建账资料 /15
    3.2 会计综合实训本期经济业务资料 /19
    3.3 会计综合实训本期经济业务原始资料 /25

第4章 会计信息化综合实训 ... 213
    4.1 会计信息化综合实训的目的和要求 /213
    4.2 会计信息化综合实训初始设置资料 /214
    4.3 会计信息化综合实训业务核算资料 /225

第1章 会计综合实训实习指导

本章学习要点

本章阐述了会计综合实训的基本程序、原则、方法，以及会计综合实训的考核与进度安排。通过本章的学习，要求学生了解会计实务工作的基本流程、处理原则与方法，并能取得书中明确要求的实训成果。

1.1 会计综合实训的程序

 会计综合实训的程序

会计综合实训是根据企业的实际情况，结合学生在专业课程中所学的理论知识，按照相关的法规要求对企业的日常经营活动进行账务处理，以实现模拟实际操作的目标，真正体验会计的工作程序、演练会计实务工作的一种活动。会计综合实训的程序如下。

1. 熟悉企业的基本情况

熟悉实训资料中的企业概况及其账务处理程序，首先要了解实训企业的基本信息，包括单位全称、地址、联系电话、开户银行、账号、统一社会信用代码等相关内容；其次要熟悉企业的组织机构，如会计机构的组成和人员分工；最后，根据企业业务量的大小确定账务处理程序。本书采用科目汇总表账务处理程序。

2. 开设账户

企业的会计工作始于账户的设置。应根据企业的一般业务开设常用的账户，包括库存现金日记账、银行存款日记账、总账和相关的明细账。在实际工作中，如果涉及特殊的业务，可另行添加相应的账户。本实训要求根据建账资料中提供的南方吉祥电器制造厂2024年12月初各账户的余额，开设现金日记账、银行存款日记账、各有关总账和明细账。

知识点　更换一次账簿的时间

一般来说，总账、日记账和多数明细账应每年更换一次。但是，对于有些财产物资明细账和债权债务明细账，由于其品种、规格和涉及的往来单位较多，在更换新账时重抄一遍的工作量较大，因此可以跨年度使用。各种备查账也可以连续使用。

提示

- 现金日记账和银行存款日记账必须采用订本式账簿，不得用银行对账单或其他形式代替日记账。
- 启用订本式账簿时，应从第1页按顺序编写页码，不得跳页、缺号。
- 使用活页式账页时，应按账户顺序编列分页号。一个账户编一个号，当一个账户记载2页以上账页时，可在"分页号"后加编"-"号。例如，分页号3号有2页账页时，分页号即可分别编为"3-1""3-2"。年终，将账簿装订成册，再按实际使用的账页顺序编写页数，并加账户目录。
- 实行会计信息化的单位，打印出来的会计账簿必须是连续编号的，经审核无误后方可装订成册，并由记账人员和会计机构负责人、会计主管人员签字或盖章。

3. 填制原始凭证

从填制与审核原始凭证开始，企业就进入了日常的会计业务处理程序。要求根据第3章中列举的南方吉祥电器制造厂2024年12月的有关经济业务填制原始凭证。

知识点　填制原始凭证的基本要求

① 原始凭证的内容必须具备：凭证的名称；填制凭证的日期；填制凭证的单位名称或填制人姓名；经办人员的签名或盖章；接收凭证的单位名称；经济业务内容、数量、单价和金额。

② 从外单位取得的原始凭证，必须盖有填制单位的公章；从个人取得的原始凭证，必须有填制人员的签名或盖章。自制原始凭证必须有经办单位领导人或其指定人员的签名或盖章；对外开出的原始凭证，必须加盖本单位的公章。

③ 凡填有大、小写金额的原始凭证，其大、小写金额必须相符。购买实物的原始凭证，必须有验收证明；支付款项的原始凭证，必须有收款单位和收款人的收款证明。

④ 一式几联的原始凭证，应当注明各联的用途，只能以其中一联作为报销凭证。

⑤ 发生销货退回现象的，除必须填制退货发票外，还必须有退货验收证明；退款时，必须取得对方的收款收据或汇款银行的凭证，不得用退货发票代替收据。

⑥ 职工因公外出所开具的借款凭据，必须附在记账凭证之后。收回借款时，应当另开收据或退还借款凭据副本，不得退还原借款收据。

⑦ 经上级有关部门批准的经济业务，应当将批准文件作为该项经济业务的原始凭证的附

件。如果批准文件需要单独归档，则应当在凭证上注明批准机关名称、批准日期和文件字号。

4. 填制记账凭证

根据填制的原始凭证，对每笔经济业务分类编制收款凭证、付款凭证和转账凭证，或者采用通用记账凭证，并将相关的原始凭证附于记账凭证之后。

知识点　填制记账凭证的基本要求

① 记账凭证的内容必须具备：填制凭证的日期；凭证编号；经济业务摘要；会计科目；金额；所附原始凭证张数；填制凭证人员、稽核人员、记账人员、会计机构负责人、会计主管人员的签名或盖章。收款和付款记账凭证还应当由出纳人员签名或盖章。

② 填制记账凭证时，应当对记账凭证进行连续编号。一笔经济业务需要填制2张以上记账凭证的，可以采用分数编号法进行编号。

③ 记账凭证既可以根据每张原始凭证填制，也可以根据若干张同类原始凭证汇总填制，还可以根据原始凭证汇总表填制。但是，不得将不同内容和类别的原始凭证汇总填制在一张记账凭证里。

④ 除结账和更正错误的记账凭证可以不附原始凭证外，其他记账凭证必须附有原始凭证。如果一张原始凭证涉及几张记账凭证，则可以把原始凭证附在一张主要的记账凭证后面，并在其他记账凭证上注明附有该原始凭证的记账凭证编号或附原始凭证复印件。一张原始凭证上所列的支出费用需要几个单位共同负担的，应当将其他单位负担的部分开出原始凭证分割单给各单位，进行结算。原始凭证分割单必须具备原始凭证的基本内容，包括凭证名称，填制凭证的日期，填制凭证的单位名称或填制人姓名，经办人员的签名或盖章，接收凭证的单位名称，经济业务内容、数量、单价、金额和费用分摊情况等。

⑤ 如果在填制记账凭证时发生错误，就应当重新填制。已经登记入账的记账凭证，在当年发现填写错误时，可以用红字填写一张与原内容相同的记账凭证，在"摘要"栏注明"注销某月某日某号凭证"字样，同时再用蓝字重新填制一张正确的记账凭证，注明"订正某月某日某号凭证"字样。如果会计科目没有错误，只是金额错误，则可以以正确数字和错误数字之间的差额另外填制一张调整的记账凭证，调增金额用蓝字，调减金额用红字；发现以前年度记账凭证有错误的，应当用蓝字填制一张更正的记账凭证。

⑥ 在记账凭证上填制完经济业务事项后，如果有空行，则应当自金额栏最后一笔金额数字下的空行处至合计数上的空行处画线注销。

知识点　填制会计凭证的书写要求

① 阿拉伯金额数字应当一个一个地写；不得连笔写；阿拉伯金额数字前面应当书写货币币种符号或货币名称简写；币种符号和阿拉伯金额数字之间不得留有空白；凡阿拉伯金额数字前写有币种符号的，数字后面不再写货币单位。

② 所有以元为单位（其他货币种类为货币基本单位，下同）的阿拉伯金额数字，除表示单价等情况外，一律填写到角分。无角分的，角位和分位可写00，或者符号"—"；有角无分的，分位应当写0，不得用符号"—"代替。

③ 汉字大写金额数字，如零、壹、贰、叁、肆、伍、陆、柒、捌、玖、拾、佰、仟、万等，一律用正楷体或行书体书写，不得用〇、一、二、三、四、五、六、七、八、九、十等简化字代替，更不得自造简化字。大写金额数字到元或角为止的，在"元"或"角"字之后应当写"整"字或"正"字；大写金额数字有分的，"分"字后面不写"整"或"正"字。

④ 大写金额数字前未印有货币名称的，应当加填货币名称。货币名称和大写金额数字之间不得留有空白。

⑤ 阿拉伯金额数字中间有0时，汉字大写金额数字要写"零"字；阿拉伯金额数字中间连续有几个0时，汉字大写金额数字中可以只写一个"零"字；阿拉伯金额数字元位是0，或者数字中间连续有几个0，且元位也是0但角位不是0时，汉字大写金额数字既可以只写一个"零"字，也可以不写"零"字。

5. 成本核算

对制造业企业而言，在日常的账务处理过程中有一项重要的工作，即成本核算。采购费用分摊、制造费用归集和分配是这类企业会计核算的重要内容，需要在会计综合实训中加强练习，最终能熟练应用。

6. 登记账簿

登记账簿时，对现金日记账、银行存款日记账和有关明细账，应在业务发生时根据记账凭证和原始凭证进行登记；对各有关总账，则应区别不同业务，选择不同的账务处理程序进行登记。

知识点　登记会计账簿的基本要求

① 登记会计账簿时，应当将会计凭证日期、编号、业务内容摘要、金额和其他有关资料逐项记入账内，做到数字准确、摘要清楚、登记及时、字迹工整。

② 登记完毕后，要在记账凭证上签名或盖章，并注明已经登账的符号，表示已经记账。

③ 账簿中书写的文字和数字上面要留有适当的空距，不要写满格，一般应占格距的1/2。

④ 登记账簿要用蓝黑墨水或碳素墨水书写，不得使用圆珠笔（银行的复写账簿除外）或铅笔。

⑤ 这些情况，可以用红色墨水记账：按照红字冲账的记账凭证，冲销错误记录；在不设"借""贷"等栏的多栏式账页中，登记减少数；在三栏式账户的"余额"栏前，如未印明余额方向，在"余额"栏内登记负数余额；根据国家统一会计制度的规定可以用红字登记的其他会计记录。

⑥ 各种账簿按页次顺序连续登记，不得跳行、隔页。如果发生跳行、隔页，则应当将空行、空页画线注销，或者注明"此行空白""此页空白"字样，并由记账人员签名或盖章。

⑦ 凡需要结出余额的账户，结出余额后应当在"借或贷"等栏内写明"借"或"贷"等字样。没有余额的账户，应当在"借或贷"等栏内写"平"字，并在"余额"栏内用0表示。现金日记账和银行存款日记账必须逐日结出余额。

⑧ 每一账页登记完毕结转下页时，应当结出本页合计数及余额，写在本页最后一行和下页第1行的有关栏内，并在"摘要"栏内注明"过次页"和"承前页"字样。也可以将本页合计数及金额只写在下页第1行的有关栏内，并在"摘要"栏内注明"承前页"字样。

7. 对账和结账

月末先调整有关应计、预计项目，再结出各类账户的本期发生额及期末余额，将总分类账簿、明细分类账簿、日记账簿中的相关内容进行核对，并按权责发生制的要求计算、结转损益，结平损益类账户，结出资产负债表中各项目的余额。

知识点　对账要求

各单位应当定期将会计账簿记录中的有关数字与库存实物、货币资金、有价证券、往来单位或个人等进行相互核对，保证账证相符、账账相符、账实相符。对账工作每年至少进行一次。

① 账证核对。核对会计账簿记录与原始凭证和记账凭证的时间、凭证字号、内容、金额是否一致，记账方向是否相符。

② 账账核对。核对不同会计账簿之间的账簿记录是否相符，包括总账有关账户的余额核对、总账与明细账核对、总账与日记账核对、会计部门的财产物资明细账与财产物资保管和使用部门的有关明细账核对等。

③ 账实核对。核对会计账簿记录与财产等的实有数额是否相符，包括现金日记账账面余额与现金实际库存数相核对；银行存款日记账账面余额定期与银行对账单相核对；各种财物明细账账面余额与实存数额相核对；各种应收、应付款明细账账面余额与有关债务、债权单位或个人核对，等等。

知识点　结账要求

① 结账前，必须将本期内所发生的各项经济业务全部登记入账。

② 结账时，应当结出每个账户的期末余额。需要结出当月发生额的，应当在"摘要"栏内注明"本月合计"字样，并在下面通栏画单红线；需要结出本年累计发生额的，应当在"摘要"栏内注明"本年累计"字样，并在下面通栏画单红线；12月末的"本年累计"就是全年累计发生额。在"全年累计发生额"下面应当通栏画双红线。年度终了结账时，所有总账账户都应当结出全年的发生额和年末余额。

③ 年度终了，要把各账户的余额结转到下一会计年度，并在"摘要"栏注明"结转下年"字样；在下一会计年度新建的有关会计账簿的第1行"余额"栏内填写上年结转的余额，并在"摘要"栏注明"上年结转"字样。

8. 编制会计报表

根据准确无误的账簿记录编制资产负债表、利润表和现金流量表。

知识点　编制会计报表要求

① 各单位对外报送的财务报告应当根据国家统一会计制度规定的格式和要求编制。单位内部使用的财务报告，其格式和要求由各单位自行规定。

② 会计报表应当根据登记完整且核对无误的会计账簿记录和其他有关资料编制，做到数字真实、计算准确、内容完整、说明清楚。

③ 任何人不得篡改或授意、指使、强令他人篡改会计报表的有关数字。对外报送的财务报告，应当依次编定页码、加具封面、装订成册、加盖公章。封面上应当注明单位名称、单位地址、财务报告所属年度、季度、月度、送出日期等，并由单位领导人、总会计师、会计机构负责人、会计主管人员签名或盖章。

④ 单位领导人对财务报告的合法性、真实性负法律责任。

9. 会计档案的装订和保管

月末，将收款凭证、付款凭证和转账凭证或通用记账凭证分别按编号排列，折叠整齐，加具封面，装订成册。同时，还应将日记账、总账、明细账及会计报表分别加具封面，装订成册。对本实训材料同样要求将其装订成册，以便考核学生的学习情况。

10. 注意事项

下面介绍日常会计工作中必须注意的问题。

（1）现金银行账务

① 一个企业原则上只允许开设一个基本账户。基本账户既可以提现，也可以转账；非基本账户只能用于结算和专户存放，不能提取现金。

② 公款既不能私存，也不能随意转账至个人账户。一般只允许划转个人工资及劳务费，但必须先由扣缴义务人扣缴个人所得税，然后再通过银行转账。

③ 企业既不能私设小金库，也不能以收入的现金抵库存。收入应于收款当日交存银行。

④ 出纳人员每日的收支情况应日清月结，并登记日记账。企业应定期或不定期地对出纳人员负责保管的保险柜内的现金进行盘点。盘点时应出具盘点表，由出纳人员、盘点人及财务负责人签字确认。

⑤ 职工借款时必须填写借款单，按规定办理借款审批手续；还款时另开收据，不能退回借款单。

⑥ 每月月末应编制银行存款余额调节表。

⑦ 出纳人员不能兼会计岗位（固定资产台账及存货明细账除外）。

⑧ 支票上的签名、印章应与银行预留的印鉴一致，一般需要盖印财务专用章和法定代表人的人名章。

⑨ 财务专用章应由专人保管，出纳人员不能保管所有的印章。

（2）凭证审核

① 所有的原始凭证应确保合法、合理、准确、及时、完整。

② 所有的发票都应有国家税务总局监制章及单位的发票专用章或公章；发生业务的单位名称与发票专用章上的单位名称应一致；业务发生时间与发票签发时间应一致；内容应具体、真实。购买货物、工程结算的发票需要有验收证明。增值税专用发票和普通发票都有菱形水印，水印清晰完整为真，否则为假——也可打税务专线查询发票的真假。增值税专用发票和普通发票必须由电脑打印，手工票无效；要注意发票密码区是否清晰完整；错票应保留而不能撕毁。运费发票种类较多，应根据实际工作确认该收哪一种。另外，要注意检查发票金额的币种是否正确、是否符合行业要求等。

③ 记账凭证的内容应有凭证的名称、日期、业务内容、数量、单价和金额及制单人、审核人、核准人的签章。

④ 各明细账、总账必须核对相符。

⑤ 账表应核对相符。

⑥ 会计报表应由制表人、审核人、财务负责人、企业负责人签字并加盖公章后才能正式报出。

⑦ 会计凭证应按类、按月归档。必须按照《会计档案管理办法》的规定进行管理。

（3）资产管理

① 固定资产一物一牌，登记台账管理。

② 固定资产报废后应及时清理。

③ 购买或报废清理固定资产时都需要有相应的手续。如果是进口免税固定资产，则报废清理时需要有海关核销证明。

1.2　会计综合实训的基本原则和方法

会计综合实训的基本原则和方法

1. 会计综合实训的基本原则

通过综合实训可以为学生提供一个模拟的工作空间，提高学生的实际应用能力。本实训把握以下原则，为会计理论与实务的结合提供桥梁。

（1）普遍性原则

会计综合实训所选择的业务是大部分企业日常工作中普遍存在的，既是企业经常发生、频繁出现的业务,也是企业基本的经济业务。通过会计综合实训,掌握基本的、普遍存在的会计业务,便于提高学生对会计知识的认知和应用能力。

(2)实用性原则

通过会计综合实训,可以将会计理论知识真正应用到实际工作中,有利于学生认识到实际工作和理论知识的差距,了解实际工作的具体程序,从而使学生步入社会后能更好地应用理论知识,在实际工作中大显身手。

(3)可操作性原则

本书中的实训材料以企业实际发生的经济业务为例,采用真实的原始凭证,给学生一个尽可能真实的工作环境。从设立账户、填制原始凭证、编制记账凭证、登记账簿,直至结账和编制会计报表,整个工作流程具有较强的操作性,为学生提供了良好的锻炼机会。

2. 会计综合实训的方法

综合实训的目的主要是训练学生掌握对会计核算方法的应用。具体采用的实训方法如下。

(1)设置会计科目

参照《企业会计制度》的规定,设置会计科目,详见3.1节的建账资料。

(2)记账方法

按照规定,我国的企事业单位统一采用借贷记账法进行账务处理。在实训中,通过对借贷记账法的应用,加深学生对记账方法的理解,并加以运用。

(3)填制与审核凭证

原始凭证和记账凭证的填制与审核两部分工作是会计核算工作的基础,必须做到认真、谨慎,防止出现用错科目或记录错误等现象,务必保证原始凭证的正确性、合法性。

(4)账簿登记

根据审核无误的凭证登记相关账簿。注意错账更正时应采用专门的方法,不允许挖、擦、刮、补记账凭证,要养成良好的工作习惯。

(5)成本核算

成本核算是制造业企业的重要核算环节,在该环节注意间接费用分配率的选择应符合企业的生产特点。

(6)财产清查

必须保证账实相符。虽然在实训中不能真实体现出财产清查方法的应用,但根据业务资料,应掌握财产清查的账务处理方法。

(7)编制会计报表

会计报表作为财务工作的成果,应慎重编制,应根据结账后的资料编制会计报表,并将其与账簿进行核对,保证会计报表的正确性。

1.3 会计综合实训的考核、进度安排及所需资料

1. 会计综合实训的考核

会计综合实训结束后，教师应根据学生的实训成果（凭证、账册、会计报表等资料）及在实训过程中的具体表现评价学生的综合实训成绩。评分参考标准如下。

会计综合实训的考核、进度安排及所需资料

（1）分数等级

优（90分以上）、良（80~89分）、中（70~79分）、及格（60~69分）、不及格（60分以下）。

（2）分数比例

业务处理的正确性：60%。

规范及整洁：25%。

学习态度：15%。

2. 会计综合实训的进度安排

本实训以72学时为基础安排进度，教师可根据情况做适当的调整。

① 原始凭证的填制与审核：16学时。

② 记账凭证的填制与审核：36学时。

③ 登记账簿：12学时。

④ 编制会计报表：6学时。

⑤ 实训资料的整理与装订：2学时。

3. 进行会计综合实训操作的必备工具和资料

① 记账黑色墨水钢笔：1支/人。

② 记账红色墨水钢笔：1支/人。

③ 固体胶：1瓶/人。

④ 中号铁夹：2个/人。

⑤ 直尺（约20 cm）：1个/人。

⑥ 通用记账凭证：140张/人。

⑦ 科目汇总表（每张能填写30个科目）：4张/人。

⑧ 库存现金日记账账页：1张/人。

⑨ 银行存款日记账账页：2张/人。

⑩ 三栏账（借贷明细账）账页：1本/人。

⑪ 十三栏账（费用账）账页：8张/人。主要用于以下账簿。

● 制造费用（一车间）账页2张。

- 制造费用（二车间）账页2张。
- 销售费用账页2张。
- 管理费用账页2张。

⑫ 生产成本明细账账页：3张/人。主要用于以下账簿。

- 基本生产成本（A、B产品）账页1张。
- 基本生产成本（C、D产品）账页1张。
- 辅助生产成本（机修车间）账页1张。

⑬ 七栏账（损益账）账页：7张/人。主要用于以下账簿。

- 主营业务收入、其他业务收入账页1张。
- 投资收益、公允价值变动损益账页1张。
- 营业外收入、主营业务成本账页1张。
- 其他业务成本、税金及附加账页1张。
- 资产减值损失、信用减值损失账页1张。
- 财务费用、营业外支出账页1张。
- 所得税费用账页1张。

⑭ 数量金额式账（进销存账）账页：9张/人。主要用于以下账簿。

- 材料采购（甲材料、乙材料）账页1张。
- 原材料（甲材料、乙材料、M自制半成品、丁材料）账页2张。
- 周转材料（工作服、手套、文件柜成本、文件柜摊销、铁盒）账页3张。
- 委托加工物资（加工成丁材料）账页1张。
- 库存商品（A、B、C、D产品）账页2张。

⑮ 一般纳税人增值税明细账账页：2张/人。

⑯ 借贷总账账页：55张/人＝1本/人。

⑰ 会计凭证封皮（每张包括封面和底面）：4张/人。

⑱ 财会档案袋：1个/人。

⑲ 穿线锥子：4个/班。

⑳ 装订线：2卷/班。

㉑ 装订机：2个/班（装订机不必让学生购买，由学校实训室提供）。

第2章 会计综合实训企业基本情况

本章学习要点

本章介绍企业的基本情况。通过本章的学习,要求学生了解企业的基本信息、企业会计机构的设置及其组成成员、企业应遵循的会计核算制度等。本章的内容是后续会计综合实训的基础。

2.1 企业概况

企业基本情况

企业的组织形式分为独资企业、合伙企业和公司3种。

我国公司法规定的公司类型有:有限责任公司和股份有限公司2种。

股份有限公司的组织结构如下。

股东大会——董事会——经理层

　　　　——监事会

本实训核算企业信息如下所述。

① 单位名称:南方吉祥电器制造厂(该厂属于有限责任公司)。

② 单位地址:南方市海利路118号。

③ 单位电话:0898-31586889。

④ 开户银行:工行南方市分行。

⑤ 银行账号:267506190241(此为基本账户,结算账户及专用账户略)。

⑥ 统一社会信用代码:914601007674774536。

⑦ 生产、管理及服务机构:行政部(下设厂部办公室、科技办公室、财务科、总务科、成本核算科);销售部;供应部;生产部[下设第一生产车间(简称一车间)、第二生产车间(简称二车间)和机修车间]。

2.2 企业会计机构及会计管理制度

1. 企业的会计机构

根据《中华人民共和国会计法》的规定，各单位应当根据会计业务的需要设置会计机构，或者在有关机构中设置会计人员，并指定会计主管人员。会计工作岗位可以一人一岗、一人多岗或一岗多人，但出纳人员不得兼管稽核、会计档案保管工作及收入、费用、债权债务账目的登记工作。

企业主要岗位的责任如下。

① 厂长：负责公司的全面经营管理工作。

② 副厂长：主要负责公司生产、科研方面的管理工作。

③ 副厂长：主要负责公司采购、销售方面的管理工作。

④ 财务科科长：主要负责制定公司各项财务规章制度及会计凭证的审核、科目汇总表的编制、总账的登记工作。

⑤ 财务科副科长：主要负责全部记账凭证的填制及财产物资明细账和股东权益明细账的登记工作。

⑥ 会计：主要负责成本核算、往来业务核算、损益类账户的核算、纳税申报、开具各种发票等工作。

⑦ 出纳：主要负责办理现金出纳业务、登记现金日记账和银行存款日记账及工资结算表的编制工作。

本实训主体的会计机构及人员设置如下。

企业名称：南方吉祥电器制造厂

厂长：王青

副厂长：王成　赵明雄

厂部行政办公室主任：叶权豪

厂部行政办公室文员：王艳明　张晓丽

财务科科长：代保珍

财务科副科长：李民

会计：李文海

出纳：周州

成本核算科科长：李群

成本核算科副科长：杨明

销售科科长（销售主管）：彭智

销售科副科长（销售员）：毛业

供应科科长（采购主管）：王赐中

供应科副科长（采购员）：林超

生产管理科科长（领料主管）：黄力佳

生产管理科副科长（领料人）：刘强　朱晓林　李立

总务科科长（仓储主管、发料主管）：张有宝

总务科副科长（验收人、发料人）：王峰　申兰　沙宝　商凯

设备科科长（设备主管）：黎明

设备科副科长（设备检验人）：刘尚辉　林刚国

2. 企业的会计管理制度

我国现行的会计管理体系包括以下层次和内容。

（1）会计法律

新修订的《中华人民共和国会计法》于 2017 年 11 月 5 日起施行。

（2）会计行政法规

《企业财务会计报告条例》于 2016 年 7 月 1 日起施行；《总会计师条例》于 2017 年 12 月 31 日发布。重新修订的《中华人民共和国增值税暂行条例》于 2018 年 5 月 1 日起施行。中华人民共和国第十三届全国人民代表大会第二次会议决定再次降低增值税税率，于 2019 年 4 月 1 日起执行。

（3）会计部门规章

① 国家统一的会计核算制度：

会计准则：《企业会计准则》包括 1 个基本准则，41 个具体准则

会计制度
《企业会计制度》
《小企业会计制度》《金融保险企业会计制度》
《民间非营利组织会计制度》《行政事业单位会计制度》

② 国家统一的会计监督制度：散见于相关的会计制度中。

③ 国家统一的会计机构和会计人员管理制度：《会计从业资格管理办法》《会计人员继续教育暂行规定》。

④ 国家统一的会计工作管理制度：《会计档案管理办法》《会计电算化管理办法》《代理记账管理暂行办法》等。

（4）地方性会计法规

在实务工作中，企业依据上述法律、法规，结合自身的实际特点，制定相应的会计核算制度。股份制企业的会计核算主要遵循《企业会计制度》和《企业会计准则》进行。

3. 企业的核算要求

① 南方吉祥电器制造厂采用科目汇总表账务处理程序。科目汇总表每半月汇总一次，汇总后登记总账。

② 南方吉祥电器制造厂库存现金限额为 6 000 元。

③ 南方吉祥电器制造厂生产 A、B、C、D 四种产品。A、B、C、D 四种产品采用品种法，按实际成本计算发生的成本；生产成本明细账按产品品种设置；完工产品成本与在产品成本按约当产量法进行分配。有两个基本生产车间：一车间生产 A、B 两种产品；二车间生产 C、D 两种产品。另有机修车间负责维护机器设备的正常运行。

④ 材料核算。A、B、C、D 四种产品的生产需要甲材料、乙材料、M 自制半成品和丁材料及周转材料。甲、乙两种材料按计划成本核算，材料成本差异在月末进行调整；丁材料由委托南方第二拉丝厂加工的 M 自制半成品加工而成，且只用于 C 产品的生产，丁材料按实际成本核算。周转材料包括低值易耗品和包装物，按实际成本核算。材料开工时一次投入产品生产。

- 甲材料编号：JXDQ001；规格：JCL369；存放 1 号仓库。
- 乙材料编号：JXDQ002；规格：YCL258；存放 2 号仓库。
- 丁材料编号：JXDQ003；规格：DCL147；存放 3 号仓库。
- 周转材料（低值易耗品）编号：JXDQ004；规格：DEP015；存放 3 号仓库。
- 周转材料（包装物）编号：JXDQ005；规格：BZW029；存放 3 号仓库。
- 其他零星采购材料物资存放 3 号仓库。

⑤ 成本核算。机修车间发生的费用在月末按耗用的实际工时分配给各基本生产车间和管理部门，辅助生产车间的制造费用不通过"制造费用"账户核算；基本生产车间制造费用按车间生产工时比例分别转入 A、B、C、D 四种产品成本中；低值易耗品分品种采用一次摊销法和五五摊销法核算；包装物采用一次摊销法核算；发出存货成本按先进先出法核算；固定资产采用直线法计提折旧，月折旧率为 2.67%。

⑥ 成本费用明细账按成本项目设置专栏。生产成本明细账分 A 产品、B 产品、C 产品、D 产品设置成本项目，包括直接材料、直接人工、制造费用；制造费用按基本生产车间开设明细账，包括一车间、二车间明细账；管理费用的费用项目有工资、福利费、办公费、差旅费、运输费、折旧费、业务招待费、职工教育经费、工会经费、修理费、水电费、物资费、摊销等；销售费用的费用项目有广告费、工资、福利费、工会经费、职工教育经费、折旧费、修理费等；制造费用的费用项目有运输费、物料费、折旧费、工资、福利费、工会经费、职工教育经费、水电修理费等。

⑦ 交易性金融资产和其他权益工具投资在期末按照公允价值计量。

⑧ 年末，按应收账款及其他应收款余额的 5‰ 计提坏账准备。

⑨ 年末，存货计价采用成本与可变现净值孰低计量。

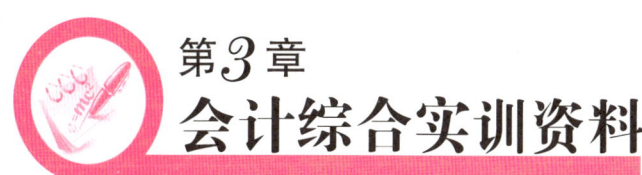
第3章 会计综合实训资料

本章学习要点

本章详细列举了南方吉祥电器制造厂2024年12月的基本经济业务。通过本章的学习，要求学生掌握企业基本经济业务的核算，熟练填制原始凭证和记账凭证，登记各种账簿，进行成本核算，科学地编制会计报表（编制表4-11、表4-12、表4-13、表4-14）。

3.1 会计综合实训期初建账资料

南方吉祥电器制造厂2024年11月30日的有关资料如下。

① 2024年11月30日各总账账户余额如表3-1所示。

表 3-1　　　　　　　　　　　总账账户余额　　　　　　　　　　　元

会计科目	借方余额	会计科目	贷方余额
库存现金	3 185.76	累计折旧	195 368.44
银行存款	4 348 617.28	累计摊销	2 000.00
交易性金融资产	116 400.00	坏账准备	4 126.88
应收账款	814 856.78	短期借款	58 000.00
预付账款	86 980.00	应付票据	170 000.00
其他应收款	65 000.00	应付账款	83 654.85
库存商品	868 699.00	预收账款	40 000.00
基本生产成本	57 721.52	应付职工薪酬	58 955.12
原材料	445 140.00	应交税费	23 863.15
材料成本差异	16 792.59	应付利息	1 330.00
周转材料	25 020.00	其他应付款	13 161.60
其他权益工具投资	100 000.00	长期借款	1 200 000.00
债权投资	640 000.00	实收资本	8 500 000.00

(续表)

会计科目	借方余额	会计科目	贷方余额
长期股权投资	280 000.00	资本公积	260 259.30
固定资产	3 644 193.26	盈余公积	89 222.07
在建工程	558 632.80	利润分配	239 356.28
无形资产	120 000.00	本年利润	1 251 941.30
合　　计	12 191 238.99	合　　计	12 191 238.99

② 2024年11月30日资产类账户明细账余额如表3-2所示。其中，应收南京无线电厂的货款于2024年11月30日形成，南方吉祥电器制造厂给予的现金折扣条件为"2/10，1/20，n/30"。

表3-2　　　　　　　　　　　资产类账户明细账余额　　　　　　　　　　　元

总　账	明细账	数　量	单　价	借方余额
交易性金融资产	琼金盘股票（成本）	8 250 股	7.430 3 元/股	61 300.00
	新大洲债券（成本）	10 000 份	5.510 0 元/份	55 100.00
应收账款	河南无线电厂			15 000.00
	南京无线电厂			100 000.00
	商丘电器贸易有限公司			397 700.00
	吉林电器厂			302 156.78
预付账款	唐山金属材料有限公司			50 000.00
	广州泉达五金有限公司			36 980.00
其他应收款	销售科备用金（彭智）			30 000.00
	供应科备用金（王赐中）			20 000.00
	行政部（叶权豪）			15 000.00
坏账准备	应收账款			-3 820.26
	其他应收款			-306.62
原材料	甲材料	23 000 千克	11.00 元/千克	253 000.00
	乙材料	19 000 千克	9.00 元/千克	171 000.00
	M自制半成品	700 件	30.20 元/件	21 140.00
材料成本差异	甲材料成本差异			11 300.41
	乙材料成本差异			5 492.18
库存商品	A产品	4 700 件	108.77 元/件	511 219.00
	B产品	3 600 件	99.30 元/件	357 480.00
周转材料	低值易耗品（工作服）	150 套	118.00 元/套	17 700.00
	低值易耗品（手套）	300 副	3.60 元/副	1 080.00
	包装物（铁盒）	48 个	130.00 元/个	6 240.00
其他权益工具投资	罗牛山股票（成本）	12 500 股	8.00 元/股	100 000.00
债权投资	南昌制药厂（成本）			200 000.00
	沈阳电厂（成本）			400 000.00
	沈阳电厂（应计利息）			40 000.00
长期股权投资	深圳机电股份有限公司	20 000 股	9.00 元/股	180 000.00
	南方大强实业股份有限公司			100 000.00

（续表）

总　账	明细账	数　量	单　价	借方余额
固定资产	一车间（房屋及建筑物）			940 160.18
	一车间（机器设备）			509 754.26
	二车间（房屋及建筑物）			641 902.77
	二车间（机器设备）			451 816.84
	机修车间（房屋及建筑物）			286 601.35
	机修车间（机器设备）			93 614.21
	厂部（房屋及建筑物）			720 343.65
累计折旧	一车间（房屋及建筑物）			-50 401.99
	一车间（机器设备）			-27 327.93
	二车间（房屋及建筑物）			-34 412.41
	二车间（机器设备）			-24 221.90
	机修车间（房屋及建筑物）			-15 364.69
	机修车间（机器设备）			-5 018.66
	厂部（房屋及建筑物）			-38 620.86
在建工程	一车间（铣床）			231 904.51
	二车间（仓库）			326 728.29
无形资产	专利权（使用年限10年）			120 000.00
累计摊销	专利权			-2 000.00
基本生产成本	A产品	290件		22 634.10
	B产品	110件		8 585.35
	C产品	270件		14 311.12
	D产品	230件		12 190.95

③ 2024年11月30日负债及所有者权益类账户明细账余额如表3-3所示。

表3-3　　　　　　　　　　负债及所有者权益类账户明细账余额　　　　　　　　　　元

总　账	明细账	贷方余额
短期借款	工行市分行（3个月，年利率为5%，9月8日借款）	20 000.00
	工行市分行（9个月，年利率为6%，5月1日借款）	38 000.00
应付票据	武汉机械制配厂（银行承兑汇票）	100 000.00
	南宁阳光设备公司（商业承兑汇票）	70 000.00
应付账款	长沙有色金属材料厂	31 654.85
	上海远华实业有限公司	32 000.00
	浙江华阳模具有限公司	20 000.00
预收账款	沈阳电器商贸有限公司	40 000.00
应付职工薪酬	短期薪酬（职工福利费）	54 716.19
	短期薪酬（职工教育经费）	4 238.93
应交税费	未交增值税	21 693.78
	应交城市维护建设税	1 518.56
	应交教育费附加	650.81
应付利息	工行市分行	1 330.00
其他应付款	南方琼洲贸易有限公司	13 161.60
长期借款	工行市分行（5年期，年利率为10%，1月1日借款）——本金	1 200 000.00

(续表)

总 账	明细账	贷方余额
实收资本	北京建设科技股份有限公司	5 000 000.00
	南方高科贸易有限公司	2 000 000.00
	广州建安房地产有限公司	1 500 000.00
资本公积	资本溢价	136 279.35
	其他资本公积	123 979.95
盈余公积	法定盈余公积	59 481.38
	任意盈余公积	29 740.69
利润分配	未分配利润	239 356.28
本年利润		1 251 941.30

④ 2024 年 11 月 30 日"基本生产成本"明细账账户余额如表 3-4 所示。

表 3-4　　　　　　　　　"基本生产成本"明细账账户余额　　　　　　　　　元

产品名称	项 目			
	直接材料	直接人工	制造费用	合　计
A 产品	10 972.65	6 117.72	5 543.73	22 634.10
B 产品	4 162.04	2 320.52	2 102.79	8 585.35
C 产品	6 398.60	4 184.67	3 727.85	14 311.12
D 产品	5 450.66	3 564.71	3 175.58	12 190.95
合　计	26 983.95	16 187.62	14 549.95	57 721.52

⑤ 2024 年 12 月产品产量有关资料如表 3-5 所示。

表 3-5　　　　　　　　　产品产量有关资料

项 目	A 产品/件	B 产品/件	C 产品/件	D 产品/件
月初在产品	290	110	270	230
本月投产	3 800	1 800	1 900	2 200
本月完工	3 100	1 700	1 500	2 300
月末在产品	990	210	670	130
投料方式	一次投入	一次投入	一次投入	一次投入
在产品完工程度	50%	70%	60%	65%

⑥ 2024 年 1—11 月损益类账户的累计发生额如表 3-6 所示。

表 3-6　　　　　　　　　2024 年 1—11 月损益类账户累计发生额　　　　　　　　　元

损益类账户	2024 年 1—11 月累计发生额
主营业务收入	7 571 404.39
A 产品	4 819 133.26
B 产品	2 752 271.13
其他业务收入	5 300.00
投资收益	28 234.00
营业外收入	4 800.00
主营业务成本	4 145 800.00
A 产品	2 638 765.76
B 产品	1 507 034.24
其他业务成本	2 300.00

(续表)

损益类账户	2024年1—11月累计发生额
税金及附加	162 719.27
销售费用	215 000.00
广告费	88 124.63
工资	76 951.28
福利费	49 924.09
管理费用	1 192 811.34
工资	189 284.88
福利费	35 189.00
办公费	340 682.21
差旅费	244 390.51
运输费	18 500.00
折旧费	211 564.87
业务招待费	7 600.00
工会经费	42 980.00
职工教育经费	2 064.13
修理费	24 299.82
水电费	36 338.28
物料费	37 917.64
摊销	2 000.00
财务费用	5 124.67
利息支出	5 124.67
营业外支出	17 414.00
所得税费用	616 627.81

提示

- 为简化实训工作，仅列出各账户11月的期初余额，年初余额不再列示。
- 建账时可参考第4章实训资料所列账户开设账簿。
- 建议手工建账与信息化建账二者并行。

3.2　会计综合实训本期经济业务资料

南方吉祥电器制造厂2024年12月发生如下经济业务（甲材料的计划单价为11元/千克，乙材料的计划单价为9元/千克）。

1）1日，从广东佛山金属材料有限公司购进甲材料8 000千克。单价为12元/千克，价款为96 000元，增值税税率为13%，进项税额为12 480元。款项已通过电汇方式付清，材料已验收入库。

2）1日，以现金支付职工李群的医疗费128.63元。

3）1日，出售交易性金融资产（琼金盘股票）。原购入价为61 300元，现出售价为66 000元，交易手续费为1 000元，出售净价为65 000元。款项存入银行。

4）1日，从南方冶炼厂购进乙材料6 000千克。单价为10元/千克，价款为60 000元，增值税税率为13%，进项税额为7 800元。款项尚未支付，材料已验收入库。

5）2日，签发现金支票一张，从银行提取现金1 000元备用。

6）2日，开出转账支票一张，支付南方市环境保护局应交排污费600元。

7）2日，开出转账支票一张，支付一车间应交南方市交通运输管理局运输管理费362元。

8）2日，用银行存款支付国家税务总局南方市税务局车船使用税183元。

9）3日，购入南方中发集团股票1 000 000股。每股0.4元，交易手续费为2 550元。用银行转账方式支付，准备长期持有。此次投资占中发集团股份的20%，具有重大影响。本公司采用权益法核算。

10）3日，一车间生产A产品领用甲材料20 000千克，一车间生产B产品领用甲材料10 000千克，一车间一般耗费甲材料80千克、乙材料50千克；机修车间领用乙材料40千克；行政部门耗费甲材料10千克、乙材料20千克。根据每一种材料的用途填写领料单（此时不做会计分录，到月末再做汇总会计分录）。

11）3日，原购买沈阳电厂的长期债券已经到期。现收回本金400 000元及利息60 000元，款项存入银行。该债券的票面利率为5%，期限是3年，前两年的利息40 000元已记入"债权投资——沈阳电厂（应计利息）"账户。

12）4日，厂部行政办公室王艳明报销邮寄费226.58元。用现金支付。

13）4日，厂部行政办公室张晓丽借支差旅费1 800元。开出现金支票一张予以支付。

14）4日，二车间生产C产品领用乙材料9 000千克，二车间生产D产品领用乙材料11 000千克，二车间一般耗费甲材料60千克、乙材料30千克；机修车间领用甲材料50千克；行政部门耗费甲材料25千克、乙材料15千克。根据每一种材料的用途填写领料单（此时不做会计分录，到月末再做汇总会计分录）。

15）4日，开出转账支票一张，支付二车间应交南方市交通运输管理局运输管理费248元。

16）4日，向湖北通益电器有限公司销售A产品900件。单价为200元/件，价款为180 000元，增值税税率为13%，销项税额为23 400元。款项通过银行收讫，以电汇方式结算（已销产品暂时不结转其成本，到月末再汇总结转成本）。

17）5日，用现金支付职工张江喜医药费528.64元。

18）5日，厂部行政办公室主任叶权豪上月借款15 000元，出差到北京开信息交流会。现回来报销差旅费12 618.64元，余款交回现金2 381.36元。

19）5日，用现金支付财务科李民购买办公用品费221.79元。

20）5日，向广东利奋电子有限公司销售B产品800件。单价为180元/件，价款为144 000元，增值税税率为13%，销项税额为18 720元。收到一张不带息的6个月的银行承兑汇票

（已销产品暂时不结转其成本，到月末再汇总结转成本）。

21）8日，偿还银行短期借款（3个月，年利率5%）本金20 000元和利息250元。

22）8日，提取现金293 166元。准备发放工资。

23）8日，用现金支付12月职工薪酬293 166元。

24）8日，收到南京无线电厂所欠A产品货款100 000元，享受现金折扣条件"2/10，1/20，n/30"。用委托收款结算方式结算，实际结算金额为98 000元。

25）9日，开出转账支票一张。支付南方琼洋酒店管理服务有限公司招待客人餐费600元。

26）9日，用现金支付购支票款26元。其中，现金支票2本，单价6元/本；转账支票2本，单价7元/本。

27）9日，用银行存款支付上月未交增值税21 693.78元、城市维护建设税1 518.56元、教育费附加650.81元。

28）9日，转让原购买深圳机电股份有限公司的股份20 000股。原购入价为180 000元，现每股转让价为10.02元，股款共计200 400元。其中，交易手续费为3 147元，出售净价为197 253元。款项存入银行。

29）10日，开出转账支票一张，支付南方立达安装有限公司安装一车间铣床的费用15 092.14元。

30）10日，厂部行政办公室王艳明用现金购买办公用品共计316.92元。用现金支付。

31）10日，一车间领用工作服70套，二车间领用工作服60套，机修车间领用工作服10套。工作服每套118元（低值易耗品采用一次摊销法）。

32）10日，南方光明电缆厂增加投资，收到面值为500 000元的银行本票一张。当日送存银行。

33）11日，从南方挤压机厂购入机修车间生产需要安装的挤压机一台。价款为20 000元，增值税税额为2 600元。开出转账支票一张。

34）11日，向南方思明塑料有限公司出售甲材料50千克。价款为960元（含税价），增值税税率为13%。价款以现金收讫并送存银行，只做收款会计分录。根据材料的用途填写领料单（发出材料暂时不做会计分录，到月末再做汇总会计分录）。

35）11日，请南方顺住机电安装有限公司安装机修车间需要安装的挤压机，发生安装人工费用1 351.60元。用转账支票支付。挤压机安装检验完毕，交付使用。

36）11日，一车间领用手套120副，二车间领用手套90副，机修车间领用手套50副。每副手套3.6元（低值易耗品采用一次摊销法）。

37）12日，厂部行政办公室张晓丽出差回来。报销差旅费1 156元，交回余款现金644元（4日张晓丽借支1 800元）。

38）12日，用转账支票一张支付南方金亿广告服务有限公司销售产品广告费19 080元。

39）12日，向山西广播电视影业有限公司销售A产品600件。单价为200元/件，价款为120 000元，增值税税率为13%，销项税额为15 600元，代垫运杂费（用银行存款支付）4 800元。款项尚未收到（已销产品暂时不结转其成本，到月末再汇总结转成本）。

40）15日，用电汇结算方式支付前欠浙江华阳模具有限公司购料款20 000元。

41）15日，在建工程一车间铣床安装完毕，已通过验收。铣床投入使用，价值245 750.51元（截至上月底，"在建工程——一车间——铣床"账户发生的成本为231 904.51元，本月铣床发生的安装成本为13 846元）。

42）15日，向南方机电设备有限公司销售B产品500件。单价为180元/件，价款为90 000元，增值税税率为13%，销项税额为11 700元。款项通过银行转账收讫（已销产品暂时不结转其成本，到月底再汇总结转成本）。

43）15日，收到商丘电器贸易有限公司合同违约金2 000元。以信汇方式结算。

44）16日，开出现金支票一张。从银行提取现金3 000元，准备报销职工医药费。

45）16日，报销职工杨柳医药费1 146.25元、张越娟医药费981.72元。用现金支付。

46）16日，以现金支付南方顺通运输有限公司（小规模纳税人）机修车间运杂费137.26元。

47）17日，开出6个月到期的商业承兑汇票一张。支付前欠上海远华实业有限公司的货款32 000元。

48）17日，向南方银光实业有限公司销售B产品300件。单价为180元/件，价款为54 000元，增值税税率为13%，销项税额为7 020元。款项通过银行转账收讫（已销产品暂时不结转其成本，到月末再汇总结转成本）。

49）17日，接银行付款通知，缴纳社会保险费123 525元、住房公积金32 940元。

50）18日，副厂长王成赴广州参加新技术研讨会，借支1 300元。用现金支付。

51）18日，河南无线电厂前欠货款15 000元已逾期3年。经有关部门批准，确认为坏账损失。

52）18日，职工王雅和张燕报销第四季度托儿费400元。以现金支付。

53）19日，开出转账支票一张，从联想集团南方销售公司购买联想计算机5台。单价为10 000元/台，增值税税率为13%，取得增值税专用发票一张。行政部门使用此计算机。

54）19日，从武汉东伟金属材料有限公司购进乙材料4 000千克。单价为11元/千克，价款为44 000元，增值税税率为13%，进项税额为5 720元。开出6个月到期的商业承兑汇票一张。材料已验收入库。

55）19日，向南方市慈善总会捐赠3 000元。用转账支票支付。

56）22日，收到开户银行的存款利息112.48元。

57）22日，收到银行付款通知，支付行政部门应交中国电信股份有限公司南方市分公司的电话费1 652.12元。

58）22日，从南宁五交化工厂购进甲材料7 000千克。单价为13元/千克，价款为91 000元，增值税税率为13%，进项税额为11 830元。货款已通过信汇方式付清。

59）22日，武汉机械制配厂所持银行承兑汇票到期，本公司如期兑付100 000元。

60）23日，用信汇方式归还前欠长沙有色金属材料厂货款31 654.85元。

61）23日，开出转账支票一张，从南方明创文具用品有限公司购买文件柜4个并投入行政部门使用。单价为340元/个，总价值为1 536.80元（采用五五摊销法）。

62）23日，接受南方华丰电子有限公司捐赠计算机一台。双方确认该计算机现行市价为4 000元，尚有九成新，税务机关认定计税金额为3 600元。该计算机用于一车间生产控制。

63）24日，委托南方第二拉丝厂加工M自制半成品，加工成丁材料，用于生产C产品。M自制半成品的成本为21 140元，增值税税率为13%，为非应税消费品。本公司用转账方式支付加工费2 100元和进项税额273元。

64）24日，开出转账支票一张，支付南方伟信建筑工程有限公司出包二车间仓库工程价款13 734元。

65）24日，计算本年度二车间仓库长期专门借款（到期一次还本付息）利息120 000元。年初"长期借款"账户金额为1 200 000元，年利率为10%。二车间仓库基建工程尚未交付使用。

66）24日，向南昌机电厂销售A产品700件。单价为200元/件，价款为140 000元，增值税税率为13%，销项税额为18 200元，代垫运杂费（用银行存款支付）5 000元。收到期限为6个月的银行承兑汇票一张（已销产品暂时不结转其成本，到月末再汇总结转成本）。

67）25日，南方琼洲贸易有限公司为了包装产品，向我厂借包装物铁盒。现逾期未还，没收其押金13 161.60元。每个铁盒实际单位成本为130元。

68）25日，本厂科技办公室张晓丽领用甲材料50千克。根据材料的用途填写领料单（此时不做会计分录，到月末再做汇总会计分录）。

69）25日，提取现金1 000元备用。开出现金支票一张。

70）25日，开出转账支票一张，支付南方市交通运输管理局运输管理费800元，行政部门使用。

71）26日，支付上海恒强建筑工程集团建造二车间仓库工程款54 500元。用电汇方式支付。

72）26日，发放职工困难补助金1 500元。开出现金支票一张。

73）26日，向南方意美实业有限公司销售B产品100件。单价为180元/件，价款为18 000元，增值税税率为13%，销项税额为2 340元。款项通过银行转账收讫（已销产品暂时不结转其成本，到月末再汇总结转成本）。

74）26日，从青岛电气配件公司购进乙材料2 500千克。单价为10元/千克，价款为25 000元，增值税税率为13%，进项税额为3 250元。货款以信汇方式支付，材料已验收入库。

75）29日，请南方顺通运输有限公司（小规模纳税人）从南方第二拉丝厂运回已用M自制半成品加工成的丁材料，支付南方顺通运输有限公司运杂费900元。开出转账支票一张，丁材料已办理完验收入库手续。

76）29日，生产C产品领用刚从南方第二拉丝厂运回的丁材料500件。其成本为24 140元。其中，M自制半成品的成本为21 140元，加工费为2 100元，运费为900元。

77）29日，南方市供电局委托银行收取本公司电费40 000元。增值税税率为13%，进项税额为5 200元。取得增值税专用发票一张。

78）29日，南方市自来水公司委托银行收取本公司水费1 813.48元。增值税税率为

9%，进项税额为 163.21 元。取得增值税专用发票一张。

79）29 日，根据固定资产原值和月折旧率 2.67% 计提本月固定资产折旧额 97 299.97 元。其中，一车间折旧额为 38 712.72 元，二车间折旧额为 29 202.31 元，机修车间折旧额为 10 151.76 元，行政部门折旧额为 19 233.18 元。

80）29 日，计提本月短期借款利息 190 元。借款本金为 38 000 元，年利率为 6%。

81）29 日，本月摊销专利权 1 000 元。

82）30 日，机修车间职工李羽报销差旅费 425.6 元。用现金支付。

83）30 日，收到吉林电器厂前欠货款 302 156.78 元。款项存入银行。

84）30 日，按本月工资属性及用途分配职工薪酬 449 631 元。

85）30 日，按工资总额的 14% 计提职工福利费。

86）30 日，分别按工资总额的 2% 和 8% 计提工会经费及职工教育经费。

87）30 日，开出转账支票划转工会经费。

88）30 日，按计划成本结转本月已验收入库的各种材料。

89）30 日，计算本月入库材料成本差异。

90）31 日，根据本月材料消耗情况编制材料消耗汇总表，并在不同材料之间进行分配［结合业务 10）、14）、34）、68）］。

91）31 日，分摊本月发出材料应负担的材料成本差异。

92）31 日，分摊本月电费 40 000 元。本月共耗电 50 000 度。其中，一车间耗电 28 000 度，二车间耗电 12 000 度，机修车间耗电 6 000 度，厂部耗电 4 000 度。

93）31 日，分摊本月水费 1 813.48 元。本月共耗水 9 067.40 吨。其中，一车间耗水 4 100 吨，二车间耗水 3 800 吨，机修车间耗水 650 吨，厂部耗水 517.40 吨。

94）31 日，分配并结转辅助生产费用。本月机修车间总工时为 5 000 工时。其中，一车间耗费 2 400 工时，二车间耗费 2 000 工时，厂部耗费 600 工时。

95）31 日，分配并结转制造费用。其中，一车间生产 A 产品和 B 产品，二车间生产 C 产品和 D 产品。A 产品生产工人耗用 5 000 工时，B 产品生产工人耗用 3 000 工时，C 产品生产工人耗用 3 600 工时，D 产品生产工人耗用 2 400 工时。

96）31 日，计算并结转完工产品的生产成本。

97）31 日，结转已销产品的生产成本［结合业务 16）、20）、39）、42）、48）、66）、73）］。

98）31 日，计算本月应交增值税，结转本月应交未交的增值税；按本月应交增值税税额的 7% 计算本月应交城市维护建设税；按本月应交增值税税额的 3% 计算本月应交教育费附加。

99）31 日，新大洲债券市价 53 600 元，罗牛山股票市价为每股 8.5 元。

100）31 日，计提存货跌价准备。期末存货的可变现净值为 1 891 501.47 元。

101）31 日，年末按"应收账款"和"其他应收款"期末余额的 5‰ 提取坏账准备。

102）31 日，结转本月收入及利得类账户发生额至"本年利润"账户。

103）31 日，结转本月费用及损失类账户发生额至"本年利润"账户。

104）31 日，计算本月应交所得税和递延所得税。所得税税率为 25%。

105）31 日，将本月的"所得税费用"账户发生额结转至"本年利润"账户。

106）31 日，将本年的"本年利润"账户余额结转至"利润分配——未分配利润"账户。

107）31 日，按本年税后利润的 10% 提取法定盈余公积，按本年税后利润的 5% 提取任意盈余公积。

108）31 日，将利润分配的其他明细账户的余额结转至"利润分配——未分配利润"账户。

109）编制资产负债表和利润表。

110）编制现金流量表。

提示

- 所附原始凭证见 3.3 节。区分外来原始凭证和自制原始凭证，其中大部分自制原始凭证需要在实训中填制。
- 各类现金支票和转账支票必须加盖公司（南方吉祥电器制造厂）的财务专用章和法定代表人（王青）的人名章。为方便实训，本书中所附各类支票已加盖相应印章。
- 注意第 1、2 章所列的核算要求。

3.3 会计综合实训本期经济业务原始资料

（实训原始凭证、表格可裁剪、装订）

业务 1-1

 业务 1-4 解析

 广东增值税专用发票 发票联

机器编号：262876334654

№ 0075911

开票日期：2024年12月01日

购买方	名称：南方吉祥电器制造厂 纳税人识别号：914601007674774536 地址、电话：南方市海利路 118 号 0898-31586889 开户行及账号：工行南方市分行 267506190241					密码区	（略）		
货物或应税劳务、服务名称	规格型号	单位	数量	单价		金额	税率	税额
*金属制品*甲材料	JCL369	千克	8000	12.00		96000.00	13%	12480.00
合　计						¥96000.00		¥12480.00
价税合计（大写）	⊗壹拾万捌仟肆佰捌拾元整					（小写）¥108480.00		
销售方	名称：广东佛山金属材料有限公司 纳税人识别号：91265958436284 5294 地址、电话：佛山市三山路 58 号 0757-59321476 开户行及账号：工行佛山市分行 659258744129					备注		

收款人：李于枚　　　复核：丛一聪　　　开票人：刘仁明　　　销售方：（章）

第3章 会计综合实训资料

业务1-2

中国工商银行　电汇凭证（回单）　　1

☐普通　☐加急　　　　　委托日期 2024 年 12 月 01 日

汇款人	全　称	南方吉祥电器制造厂	收款人	全　称	广东佛山金属材料有限公司
	账　号	267506190241		账　号	659258744129
	汇出地点	海南省南方市 / 县		汇入地点	广东省佛山市 / 县
	汇出行名称	工行南方市分行		汇入行名称	工行佛山市分行

金额	人民币（大写） 壹拾万捌仟肆佰捌拾元整	千	百	十	万	千	百	十	元	角	分
			￥	1	0	8	4	8	0	0	0

（中国工商银行南方市分行 2024.12.01 转讫）

支付密码　　　　　　附加信息及用途：

汇款人签章　　　复核：王溜　　　记账：张三

业务1-3

材料验收单

供货单位：广东佛山金属材料有限公司　　2024 年 12 月 01 日　　存放 1 号仓库

材料编号	材料名称	规　格	单　位	数　量	单价/（元/千克）	金额/元	备　注
JXDQ001	甲材料	JCL369	千克	8000	12	96000.00	电汇

仓储主管：张有宝　　验收人：王峰　　采购主管：王赐中　　采购员：林超

业务2-1

医药费报销单

2024 年 12 月 01 日　　编号 20244018　　附单据 1 张

职工姓名	李群	家属姓名		与本人关系	
西药费		凭证张数		全部金额	报销金额
挂号费					
针药费		1		128.63	128.63
外配药					
按规定报销人民币（大写）：壹佰贰拾捌元陆角叁分					￥128.63
财务主管	记账	出纳	审核	制单	报销人
代保珍	李文海	周州	王成	李民	李群

27

业务 2-2

| 机器编号：667628264547 | 海南增值税普通发票 | № 00987654 开票日期：2024年12月01日 |

购买方	名　　称：南方吉祥电器制造厂 纳税人识别号：914601007674774536 地址、电话：南方市海利路118号0898-31586889 开户行及账号：工行南方市分行267506190241	密码区	（略）

货物或应税劳务、服务名称	规格型号	单位	数量	单价	金额	税率	税额
*医疗服务*针药费			1	128.63	128.63	0%	0
合　计					¥128.63		¥0

| 价税合计（大写） | ⊗壹佰贰拾捌元陆角叁分 | （小写）¥128.63 |

| 销售方 | 名　　称：南方市人民医院 纳税人识别号：911204560876783238 地址、电话：南方市五指山路34号0898-98765432 开户行及账号：建行南方市五指山路支行156495729547 | 南方市人民医院 911204560876783238 发票专用章 |

收款人：杨光康　　　复核：张友明　　　开票人：王建专　　　销售方：（章）

业务 3-1

上海证券公司南方市营业部

2024 年 12 月 01 日

成交过户交割凭单	
股东编号：A168281318	成交证券：琼金盘股票
电脑编号：83548	成交数量：8 250 股
公司编号：1834	成交价格：8.00 元
申请编号：295	成交金额：66 000.00 元
申报时间：9：50	标准佣金：0 元
成交时间：10：20	过户费用：500.00 元
上次余额：0 股	印花税：500.00 元
本次成交：8 250 股	附加费用：0 元
本次余额：0 股	应收金额：65 000.00 元
	应付金额：0 元

操作员：张学林　　　复核：段希坤　　　客户签字：李文海

业务 3-2

中国工商银行 进 账 单（回单）

2024年12月01日　　　　　　　　　　　　　　1

出票人	全　称	上海证券公司南方市营业部	收款人	全　称	南方吉祥电器制造厂	此联是收款人开户银行给出票人的回单
	账　号	591846975781		账　号	267506190241	
	开户银行	建行南方市分行		开户银行	工行南方市分行	

金额	人民币（大写）	陆万伍仟元整	亿 千 百 十 万 千 百 十 元 角 分
			￥ 6 5 0 0 0 0 0

票据种类	交易凭单	票据张数	壹张
票据号码	PD835481834295		

备注：股票交易成交过户交割

复核 张力举　　记账 江兰先　　　　　　　　收款人开户银行签章

（中国工商银行南方市分行 2024.12.01 转讫）

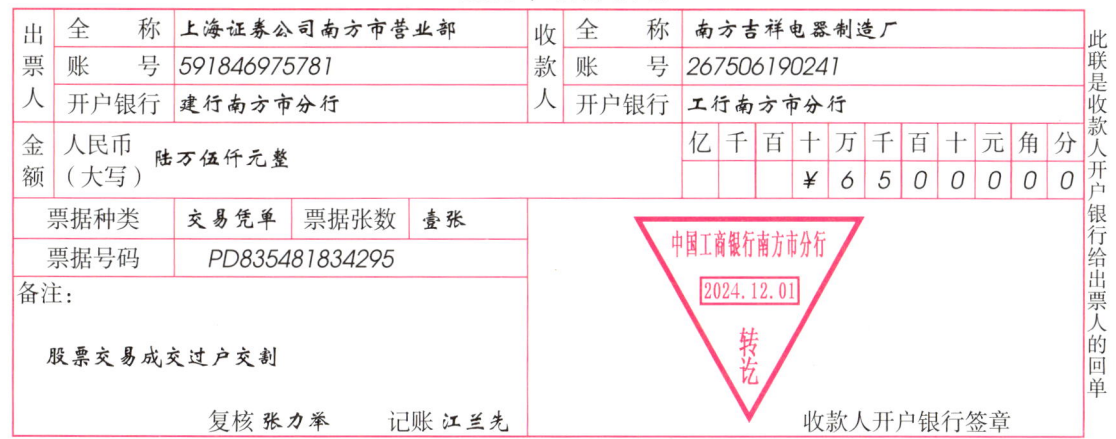

业务 4-1

机器编号：343766678286	海南增值税专用发票 发票联	№ 0076011
		开票日期：2024年12月01日

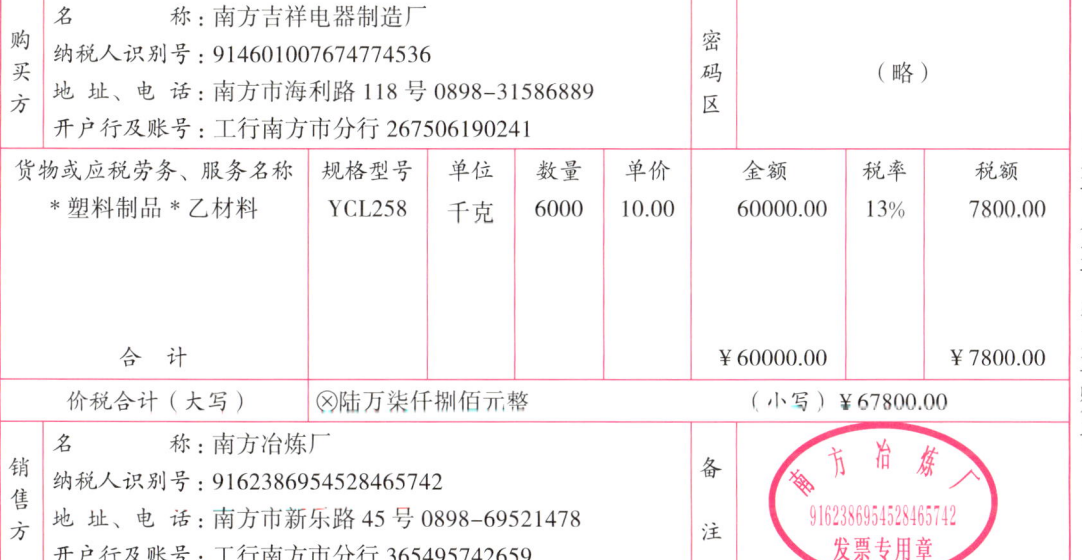

购买方	名　　称：南方吉祥电器制造厂	密码区	（略）
	纳税人识别号：914601007674774536		
	地　址、电　话：南方市海利路118号 0898-31586889		
	开户行及账号：工行南方市分行 267506190241		

货物或应税劳务、服务名称	规格型号	单位	数量	单价	金额	税率	税额
*塑料制品*乙材料	YCL258	千克	6000	10.00	60000.00	13%	7800.00
合　计					￥60000.00		￥7800.00

价税合计（大写）	⊗陆万柒仟捌佰元整	（小写）￥67800.00

销售方	名　　称：南方冶炼厂	备注	（南方冶炼厂 9162386954528465742 发票专用章）
	纳税人识别号：9162386954528465742		
	地　址、电　话：南方市新乐路45号 0898-69521478		
	开户行及账号：工行南方市分行 365495742659		

收款人：王红丽　　　复核：张美政　　　开票人：胡华山　　　销售方：（章）

业务 4-2

材料验收单

供货单位：南方冶炼厂　　　　　　2024年12月01日　　　　　　存放 2 号仓库

材料编号	材料名称	规　格	单　位	数　量	单价/（元/千克）	金额/元	备　注
JXDQ002	乙材料	YCL258	千克	6000	10	60000.00	赊购

仓储主管：张有宝　　　验收人：王峰　　　采购主管：王赐中　　　采购员：林超

业务 5

中国工商银行 现金支票存根 006754852
附加信息 _____
_____
出票日期　　年　月　日
收　款　人：
金　　　额：
用　　　途：
单位主管　　　　会计

中国工商银行 现金支票　　　006754852

出票日期（大写）　　年　月　日　　付款行名称：
收款人：　　　　　　　　　　　出票人账号：
人民币（大写）　　　　　　　亿 千 百 十 万 千 百 十 元 角 分

用途 _____　　　密码 _____
上列款项请从我账户内支付　　行号 _____
出票人签章

复核　　记账

付款期限自出票之日起十天

业务 6-1

汇付款通知单

收款单位	南方市环境保护局		
汇入银行及账号	工行南方市分行 341869654478		
汇付金额	￥600.00		
汇款方式	转账支票	要求汇出时间	2024年12月02日
汇款原因	排污费		
汇款通知人	南方吉祥电器制造厂	部门负责人	叶权豪
通知日期　2024年12月02日		财务签收　代保珍	

业务 6-2

行政事业性收费专用收据

编号 00000858

缴费单位	南方吉祥电器制造厂		开票日期	2024 年 12 月 02 日			
项目内容	排污费		缴款方式	转账		核定	全额征收
类型	环境保护		缴费类别	全费			

缴费日期	2024 年 12 月 02 日至 2025 年 06 月 30 日	金额 百 十 万 千 百 十 元 角 分
排污费	征收标准 600 元	¥ 6 0 0 0 0
附费	征收标准 0 元	
滞纳金	排污费迟交 0 元 每月 %	
合 计	¥600.00	

总金额（人民币大写）陆佰元整

业务 6-3

中国工商银行 转账支票存根
00657851

附加信息 _____
_____

出票日期 　年　月　日

收 款 人：

金　额：

用　途：

单位主管　　　　　　会计

中国工商银行 转账支票　00657851

出票日期（大写）　　年　月　日　　付款行名称：
收款人：　　　　　　　　　　　　　　出票人账号：

人民币（大写）　　亿 千 百 十 万 千 百 十 元 角 分

用途 _____　　　密码 _____
上列款项请从　　　　　　　　　　行号 _____
我账户内支付
出票人签章　　　　　　　　复核 印 王青 记账

业务 7-1

汇付款通知单

收款单位	南方市交通运输管理局		
汇入银行及账号	工行南方市分行 356896542587		
汇付金额	¥362.00		
汇款方式	转账支票	要求汇出时间	2024 年 12 月 02 日
汇款原因	支付运输管理费		
汇款通知人	南方吉祥电器制造厂	部门负责人	叶权豪
通知日期	2024 年 12 月 02 日	财务签收	代保珍

业务 7-2

行政事业性收费专用收据
2024 年 12 月 02 日

付款单位	南方吉祥电器制造厂	收费许可证	698124323598							
付款项目	运输管理费（一车间）	付款方式	金额							
			百	十	万	千	百	十	元	角	分
收费依据及标准	琼交〔2024〕12号文件	转账					3	6	2	0	0
		现金									
		其他									
		合 计	￥				3	6	2	0	0
总金额	（人民币大写）叁佰陆拾贰元整										

征收单位：南方市交通运输管理局　　　　收款人：张良欢　　　　开票人：何瑞杰

业务 7-3

中国工商银行
转账支票存根
00657852

附加信息 _____
_____

出票日期　年　月　日

收　款　人：

金　　　额：

用　　　途：

单位主管　　　会计

中国工商银行 转账支票　　00657852

出票日期（大写）　年　月　日　付款行名称：

收款人：　　　　　　　　　出票人账号：

人民币
（大写）　　　亿 千 百 十 万 千 百 十 元 角 分

用途 _____　密码 _____

上列款项请从　　　　　　　行号 _____

我账户内支付

出票人签章　　　　　　　　复核　　　记账

付款期限自出票之日起十天

业务 5-10 解析

业务 8

中 华 人 民 共 和 国
税 收 电 子 缴 款 书

登记注册类型： 　　　　　填发日期 2024 年 12 月 02 日　税务机关：国家税务总局南方市税务局

纳税人识别号	91460100767477 4536		纳税人名称	南方吉祥电器制造厂			
地　址	南方市海利路 118 号						
税　种	品名名称	课税数量	计税金额或销售收入	税率或单位税额	税款所属时间	已缴或扣除额	实缴税额
车船使用税					2024-01-01 至 2024-12-31	0.00	183.00
金额合计	（大写）壹佰捌拾叁元整						183.00
税务机关（盖章）	代征单位（盖章）		填 票 人 网上申报		备注		
			妥 善 保 管				

业务 9-1

上海证券公司南方市营业部

2024 年 12 月 03 日

成交过户交割凭单	
股东编号：A168281318 电脑编号：83548 公司编号：1234 申请编号：265 申报时间：10：20 成交时间：10：50	成交证券：南方中发集团 成交数量：1 000 000 股 成交价格：0.4 元 成交金额：400 000 元 标准佣金：1 500 元 过户费用：50 元
上次余额：0 股 本次成交：1 000 000 股 本次余额：1 000 000 股	印　花　税：1 000 元 附加费用：0 元 应收金额：402 550 元 应付金额：0 元

操作员：余风敏　　　　　复核：赵曼丽　　　　　客户签字：李文海

业务 9-2

中国工商银行 转账支票存根 00657853	中国工商银行 转账支票　　　00657853
附加信息 _____ _____ 出票日期　年　月　日 收　款　人： 金　　　额： 用　　　途： 单位主管　　　会计	出票日期（大写）　　　年　月　日　付款行名称：_____ 收款人：_____　　出票人账号：_____ 人民币 （大写）　　[亿千百十万千百十元角分] 用途 _____　　密码 _____ 上列款项请从　　　　　　　行号 _____ 我账户内支付 出票人签章 [南方吉祥电器制造厂 财务专用章]　　复核 [印 王青] 记账

业务 10-1

领　料　单（记账联）

领料部门：一车间　　　开单日期 2024 年 12 月 03 日　　　编号：8023
发料仓库：1号仓库和2号仓库　　　发料日期 2024 年 12 月 03 日　　　限 10 天有效

货物用途	材料名称	型号规格	单位	数量 请领	数量 实领	单价/（元/千克）	金额/元
A产品耗用	甲材料	JCL369	千克	20000	20000	11	220000
B产品耗用	甲材料	JCL369	千克	10000	10000	11	110000
一般耗用	甲材料	JCL369	千克	80	80	11	880
一般耗用	乙材料	YCL258	千克	50	50	9	450

领料根据及用途：以上材料按计划成本核算，生产产品和一般耗用。

发料主管：张有宝　　发料人：申兰　　领料主管：黄力佳　　领料人：刘强

业务 10-2

领　料　单（记账联）

领料部门：机修车间　　　开单日期 2024 年 12 月 03 日　　　编号：8024
发料仓库：2号仓库　　　发料日期 2024 年 12 月 03 日　　　限 10 天有效

货物用途	材料名称	型号规格	单位	数量 请领	数量 实领	单价/（元/千克）	金额/元
修理耗用	乙材料	YCL258	千克	40	40	9	360

领料根据及用途：以上材料按计划成本核算，机修车间耗用。

发料主管：张有宝　　发料人：申兰　　领料主管：黄力佳　　领料人：刘强

业务10-3

领 料 单（记账联）

领料部门：行政部门　　　开单日期 2024 年 12 月 03 日　　　编号：8025
发料仓库：1号仓库和2号仓库　　发料日期 2024 年 12 月 03 日　　　限 10 天有效

货物用途	材料名称	型号规格	单位	数量 请领	数量 实领	单价/(元/千克)	金额/元
行政耗用	甲材料	JCL369	千克	10	10	11	110
行政耗用	乙材料	YCL258	千克	20	20	9	180

领料根据及用途：以上材料按计划成本核算，行政部门耗用。

发料主管：张有宝　　发料人：申兰　　领料主管：黄力佳　　领料人：刘强

业务11-1

中国工商银行　进账单（收账通知）　　3
2024 年 12 月 03 日

出票人	全称	沈阳电厂	收款人	全称	南方吉祥电器制造厂
	账号	652378946512		账号	267506190241
	开户银行	工行沈阳市分行		开户银行	工行南方市分行

金额　人民币（大写）　肆拾陆万元整　　￥46000000（亿千百十万千百十元角分）

票据种类：债券交割　　票据张数：壹张
票据号码：PD201983427

备注：债券交易成功，兑付本金及利息

复核 张力举　　记账 江兰燕

（中国工商银行南方市分行 2024.12.03 转账）

收款人开户银行签章

此联是银行交给收款人的收账通知

业务11-2

日期：2024.12.03　　　　　　　　　　　　　　　　凭证号：127

广发证券有限责任公司南方市和平大道营业部
支汇票取款凭证

资金账号：072208517547　　　　　　　客户姓名：南方吉祥电器制造厂
付出金额：人民币 460000.00 元
本次余额：人民币 0 元
大写金额：肆拾陆万元整
摘　　要：支汇票取款
银行账号：267506190241

操作员：林先爱　　　复核：王长林　　　客户签名：李文海

业务 12

| 机器编号：333144467878 | 海南增值税专用发票 发票联 | No 2047615 开票日期：2024年12月04日 |

购买方	名称：南方吉祥电器制造厂
	纳税人识别号：914601007674774536
	地址、电话：南方市海利路118号 0898-31586889
	开户行及账号：工行南方市分行 267506190241

密码区：（略）

货物或应税劳务、服务名称	规格型号	单位	数量	单价	金额	税率	税额
*邮电通信*邮寄费		个	1	213.75	213.75	6%	12.83
合计					¥213.75		¥12.83

（现金付讫）

价税合计（大写）：⊗贰佰贰拾陆元伍角捌分　（小写）¥226.58

销售方	名称：南方邮政服务有限公司
	纳税人识别号：961882218531257463
	地址、电话：南方市云海路21号 0898-68761891
	开户行及账号：中行南方市云海路支行 6548321501455

收款人：李昌玉　　复核：王梦莹　　开票人：张康太　　销货单位：（章）

业务 13-1

借据

结款单位：行政部门　　　2024年12月04日

借款事由：出差

人民币（大写）：壹仟捌佰元整　¥1800.00

批准人：王青

单位负责人：王青　　　借款人：张晓丽

业务 11-16 解析

业务 13-2

中国工商银行	中国工商银行 现金支票　　006754853
现金支票存根	
006754853	出票日期（大写）　　年　月　日　付款行名称：
附加信息	收款人：　　　　　　　　　　　出票人账号：
_____	人民币　　　　亿千百十万千百十元角分
_____	（大写）
出票日期　年　月　日	
收　款　人：	用途 _____　　　　密码 _____
金　　　额：	上列款项请从　　　　　　　　　行号 _____
用　　　途：	我账户内支付
单位主管　　会计	出票人签章　　　　　　　　　　复核　　　　　记账

业务 14-1

领　料　单　（记账联）

领料部门：二车间　　　　　开单日期 2024 年 12 月 04 日　　　　编号：8026
发料仓库：1号仓库和2号仓库　发料日期 2024 年 12 月 04 日　　　　限 10 天有效

货物用途	材料名称	型号规格	单位	数量 请领	数量 实领	单价/(元/千克)	金额/元
C产品耗用	乙材料	YCL258	千克	9000	9000	9	81000.00
D产品耗用	乙材料	YCL258	千克	11000	11000	9	99000.00
一般耗用	甲材料	JCL369	千克	60	60	11	660.00
一般耗用	乙材料	YCL258	千克	30	30	9	270.00

领料根据及用途：以上材料按计划成本核算，生产产品和一般耗用。

发料主管：张有宝　　　发料人：申兰　　　领料主管：黄力佳　　　领料人：刘强

业务 14-2

领 料 单 （记账联）

领料部门：机修车间　　　开单日期 2024 年 12 月 04 日　　　　　　　　　编号：8027
发料仓库：1 号仓库　　　发料日期 2024 年 12 月 04 日　　　　　　　　　限 10 天有效

货物用途	材料名称	型号规格	单位	数量 请领	数量 实领	单价/（元/千克）	金额/元
修理耗用	甲材料	JCL369	千克	50	50	11	550
领料根据及用途：以上材料按计划成本核算，机修车间耗用。							

发料主管：张有宝　　　发料人：申兰　　　领料主管：黄力佳　　　领料人：刘强

业务 14-3

领 料 单 （记账联）

领料部门：厂部　　　　　开单日期 2024 年 12 月 04 日　　　　　　　　　编号：8028
发料仓库：1 号仓库和 2 号仓库　发料日期 2024 年 12 月 04 日　　　　　　限 10 天有效

货物用途	材料名称	型号规格	单位	数量 请领	数量 实领	单价/（元/千克）	金额/元
行政耗用	甲材料	JCL369	千克	25	25	11	275
行政耗用	乙材料	YCL258	千克	15	15	9	135
领料根据及用途：以上材料按计划成本核算，厂部耗用。							

发料主管：张有宝　　　发料人：申兰　　　领料主管：黄力佳　　　领料人：刘强

业务 15-1

汇付款通知单

收款单位	南方市交通运输管理局		
汇入银行及账号	工行南方市分行　356896542587		
汇付金额	¥248.00		
汇款方式	转账支票	要求汇出时间	2024 年 12 月 04 日
汇款原因	支付运输管理费（二车间）		
汇款通知人	南方吉祥电器制造厂	部门负责人	叶权豪
通知日期 2024 年 12 月 04 日	财务签收　代保珍		

业务 15-2

行政事业性收费专用收据
2024 年 12 月 04 日

付款单位	南方吉祥电器制造厂	收费许可证	698124323598										
付款项目	运输管理费（二车间）	付款方式	金　额										
^	^	^	百	十	万	千	百	十	元	角	分
收费依据及标准	琼交〔2024〕12 号文件	转账				2	4	8	0	0
^	^	现金								
^	^	其他								
^	^	合　计		¥		2	4	8	0	0
总金额	人民币（大写）贰佰肆拾捌元整　　　¥248.00										

征收单位：南方市交通运输管理局　　　收款人：姜利民　　　开票人：周红艳

业务 15-3

中国工商银行 转账支票存根 00657854	中国工商银行 **转账支票**　　　00657854
附加信息 _____ _____ 出票日期　年　月　日 收　款　人： 金　　额： 用　　途： 单位主管　　　会计	付款期限自出票之日起十天 出票日期（大写）　　年　月　日　付款行名称： 收款人：　　　　　　　　　　出票人账号： 人民币 （大写）　　　　　　　亿千百十万千百十元角分 用途　_____　　　密码 _____ 上列款项请从 我账户内支付　　　　　　　行号 _____ 出票人签章　　　　　　　　复核　　　记账

业务 16 1

产品销售单
2024 年 12 月 04 日

购货单位	湖北通益电器有限公司			车　号	鄂 AL0887
产品名称	规　格	单　位	计划数	单价/(元/件)	金额/元
A 产品	ACP1101	件	900		
备　注					

销售单位：南方吉祥电器制造厂　　　财务科长：代保珍　　　制表人：杨明

51

业务 16-2

海南增值税专用发票
此联不作报销、扣税凭证使用

机器编号：676866708274
№ 23456
开票日期：2024年12月04日

购买方	名　　称：湖北通益电器有限公司 纳税人识别号：912289457941796317 地　址、电　话：武汉市江汉区台北路7912号 027-64815765 开户行及账号：工行武汉市分行 562495743564

密码区：（略）

货物或应税劳务、服务名称	规格型号	单位	数量	单价	金额	税率	税额
*金属制品*A产品	ACP1101	件	900	200	180000.00	13%	23400.00
合　计					￥180000.00		￥23400.00

价税合计（大写）　⊗贰拾万叁仟肆佰元整　　（小写）￥203400.00

销售方	名　　称：南方吉祥电器制造厂 纳税人识别号：914601007674774536 地　址、电　话：南方市海利路118号 0898-31586889 开户行及账号：工行南方市分行 267506190241

备注：（南方吉祥电器制造厂 914601007674774536 发票专用章）

收款人：周州　　复核：李民　　开票人：李文海　　销售方：（章）

业务 16-3

中国工商银行　电汇凭证（收账通知）　　1

□普通　□加急
委托日期 2024 年 12 月 04 日

汇款人	全　称	湖北通益电器有限公司	收款人	全　称	南方吉祥电器制造厂
	账　号	562495743564		账　号	267506190241
	汇出地点	湖北省武汉市/县		汇入地点	海南省南方市/县
	汇出行名称	工行武汉市分行		汇入行名称	工行南方市分行

金额	人民币（大写）	贰拾万叁仟肆佰元整	千百十万千百十元角分 ￥ 2 0 3 4 0 0 0 0

（中国工商银行南方市分行 2024.12.04 转账转讫）

支付密码：

附加信息及用途：

收款人开户银行签章　　复核　　记账

业务 17-1

医药费报销单

2024 年 12 月 05 日

编号 _____

附单据 1 张

职工姓名	张江喜	家属姓名		与本人关系	
种 类	凭证张数		全部金额/元		报销金额/元
西药费	1				528.64
挂号费					
针药费					
外配药					
按规定报销人民币（大写）：伍佰贰拾捌元陆角肆分					¥528.64
财务主管	记账	出纳		审核	报销人签章
代保珍	李文海	周州		李民 张江喜	张江喜

（现金付讫）

业务 17-2

机器编号：786932415560

海南增值税专用发票
发票联

№ 0045621

开票日期：2024年12月05日

购买方	名　　称：南方吉祥电器制造厂 纳税人识别号：914601007674774536 地　址、电　话：南方市海利路 118 号 0898-31586889 开户行及账号：工行南方市分行 267506190241	密码区	（略）

货物或应税劳务、服务名称	规格型号	单位	数量	单价	金额	税率	税额
*医疗服务*西药		瓶	2	264.32	528.64	0%	0
合　计					¥528.64		0

价税合计（大写）	⊗伍佰贰拾捌元陆角肆分	（小写）¥528.64

销售方	名　　称：南方市人民医院 纳税人识别号：911204560876783238 地　址、电　话：南方市五指山路 34 号 0898-98765432 开户行及账号：建行南方市五指山路支行 156495729547	备注	（南方市人民医院 发票专用章）

收款人：杨光明　　　复核：张友明　　　开票人：王建昌　　　销售方：（章）

第三联 发票联 购买方记账凭证

业务 17-22 解析

业务 18-1

差旅费报销单

单位名称：行政部门　　出差起止日期由 2024 年 11 月 24 日至 2024 年 12 月 05 日　　单位：元

出差人姓名：叶权豪			出差地点：北京		出差天数：11			事由：开信息交流会
飞机车船及住宿	种类	票据张数	金额	出差补助费	出差地点	天数	标准	金额	报销结算情况
	飞机票	2	4860.00		北京	11	200	2200.00	原出差借款 15000 元，报销 12618.64 元，补 0 元，退还 2381.36 元。
	市内汽车费	10	280.00						
	住宿费	1	2650.00						
	其他车补		2230.00						
	长途汽车费	6	398.64						
	小　计		10418.64						说明
合计金额	大写：壹万贰仟陆佰壹拾捌元陆角肆分　　小写：¥12618.64								审批人　支领人 王青　叶权豪 2024 年 12 月 05 日

业务 18-2

收 款 收 据

收款日期：　　　　　　　　　2024 年 12 月 05 日　　　　　　　　　　　　　　　　No.23455

今收到：叶权豪

交　来：原借差旅费的剩余款项

人民币（大写）贰仟叁佰捌拾壹元叁角陆分　　　　　　　¥2381.36

备注：

收款单位：南方吉祥电器制造厂　　　　　收款人：周州　　　　　经办人：叶权豪

业务 19

海南增值税专用发票
发票联

机器编号：6682441452 56

№ 0048252

开票日期：2024年12月05日

购买方	名　　　称：南方吉祥电器制造厂 纳税人识别号：914601007674774536 地　址、电　话：南方市海利路 118 号 0898-31586889 开户行及账号：工行南方市分行 267506190241	密码区	（略）

货物或应税劳务、服务名称	规格型号	单位	数量	单价	金额	税率	税额
*文化用品*大笔记本		本	3	32.09	96.27	13%	12.52
*文化用品*小笔记本		本	10	10	100	13%	13.00
合　　计					￥196.27		25.52

价税合计（大写）　　⊗ 贰佰贰拾壹元柒角玖分　　　　　　　　（小写）￥221.79

销售方	名　　　称：南方华美文具用品有限公司 纳税人识别号：914301007878272792 地　址、电　话：南方市芙蓉路 86 号 0898-24289844 开户行及账号：建行南方市芙蓉路支行 156495729547	备注	（章）

收款人：张毅力　　　复核：吴耳海　　　开票人：王爽玲　　　销售方：（章）

（现金付讫）

业务 20-1

产品销售单
2024 年 12 月 05 日

购货单位	广东利奋电子有限公司			车　号	粤 AQ9866
产品名称	规　格	单　位	计划数	单价/(元/件)	金额/元
B 产品	BCP1102	件	800		
备　注					

销售单位：南方吉祥电器制造厂　　　财务科长：代保珍　　　制表人：杨明

业务 20-2

海南增值税专用发票
此联不作报销抵扣税凭证使用

机器编号：567967351414
№ 0041652
开票日期：2024年12月05日

购买方	名　　称：	广东利奋电子有限公司	密码区	（略）
	纳税人识别号：	917722152961685534		
	地　址、电话：	广州市天河路68号 020-47553911		
	开户行及账号：	工行广州市分行 561426845489		

货物或应税劳务、服务名称	规格型号	单位	数量	单价	金额	税率	税额
*金属制品*B产品	BCP1102	件	800	180	144000.00	13%	18720.00
合　计					￥144000.00		￥18720.00

价税合计（大写）　壹拾陆万贰仟柒佰贰拾元整　（小写）￥162720.00

销售方	名　　称：	南方吉祥电器制造厂	备注	
	纳税人识别号：	914601007674774536		
	地　址、电话：	南方市海利路118号 0898-31586889		
	开户行及账号：	工行南方市分行 267506190241		

收款人：周州　　　复核：李民　　　开票人：李文海　　　销售方：（章）

业务 20-3

银行承兑汇票

出票日期（大写）　贰零贰肆年壹拾贰月零伍日

出票人	全　称	广东利奋电子有限公司	收款人	全　称	南方吉祥电器制造厂
	账　号	561426845489		账　号	267506190241
	开户银行	工行广州市分行		开户银行	工行南方市分行

出票金额	人民币（大写）	壹拾陆万贰仟柒佰贰拾元整	千百十万千百十元角分 ￥1 6 2 7 2 0 0 0

汇票到期日（大写）	贰零贰伍年零陆月零伍日	付款行	行　号	
承兑协议编号			地　址	广东省广州市

本汇票请你行承兑，到期无条件付款。　　　本汇票已经承兑，到期日由本行付款　　密押

承兑行签章　中国工商银行广州市分行 2024.12.05 转账

承兑日期　2024年12月05日

备注：

复核：王凯
记账：吴勇

出票人签章

业务21

借款偿还凭证（传票回单）

代号：343　　　　　　　　　　　　　　　　　　　　　　　　　编号：

借款单位名称	南方吉祥电器制造厂	放款账号		存款账号	232002230022

偿还借款金额	（大写）贰万零贰佰伍拾元整	十万 千 百 十 元 角 分
		￥ 2 0 2 5 0 0 0

请（已）从＿＿＿号账户内（以现金）付出归还（收回）上列款项。

本金 20 000 元
利息 250 元

此致
银行（单位）

单位（银行）盖章　（主管）　（会计）

记账日期 2024 年 12 月 08 日

借＿＿＿￥＿＿＿元
贷＿＿＿￥＿＿＿元
贷＿＿＿￥＿＿＿元

日记账：张林普　复核：刘先利　记账：王宁昌

（中国工商银行南方市分行 转账 2024.12.08）

业务22

中国工商银行 现金支票存根 006754854
附加信息＿＿＿＿＿＿ ＿＿＿＿＿＿＿＿＿＿
出票日期　年　月　日
收 款 人：
金　　额：
用　　途：
单位主管　　　会计

中国工商银行 现金支票　　006754854

出票日期（大写）　　年　　月　　日　付款行名称：
收款人：　　　　　　　　　　　　　出票人账号：

人民币 （大写）	亿 千 百 十 万 千 百 十 元 角 分

付款期限自出票之日起十天

用途＿＿＿＿＿　　　　　　　密码＿＿＿＿＿
上列款项请从　　　　　　　　行号＿＿＿＿＿
我账户内支付
出票人签章　（南方吉祥电器制造厂财务专用章）　复核（印）　记账 王青

业务 23

职工薪酬汇总分配支付表

企业名称：南方吉祥电器制造厂　　2024 年 12 月 08 日　　金额单位：元

部门		短期薪酬					离职后福利				合计	代扣款项					应交社会保险事业管理局					应交住房公积金管理局		实发金额	领款人签名
		职工工资	社会保险费			住房公积金 10%	小计	设定提存计划		小计			社会保险费			设定提存计划		小计	社会保险			设定提存计划		住房公积金 10%		
			医疗保险 8%	工伤保险 1%				养老保险 16%	失业保险 1.5%				医疗保险 2%	工伤保险	养老保险 8%	失业保险 1%			医疗保险 10%	工伤保险 1%	养老保险 24%	失业保险 2.5%				
基本生产车间	A产品生产工人	61 700.00	4 936.00	617.00	6 170.00	73 423.00	9 872.00	925.50	10 797.50	84 220.50	1 234.00		4 936.00	617.00	6 787.00	6 170.00	617.00	14 808.00	1 542.50	23 137.50	6 170.00	54 913.00	
	B产品生产工人	43 300.00	3 464.00	433.00	4 330.00	51 527.00	6 928.00	649.50	7 577.50	59 104.50	866.00		3 464.00	433.00	4 763.00	4 330.00	433.00	10 392.00	1 082.50	16 237.50	4 330.00	38 537.00	
	C产品生产工人	51 100.00	4 088.00	511.00	5 110.00	60 809.00	8 176.00	766.50	8 942.50	69 751.50	1 022.00		4 088.00	511.00	5 621.00	5 110.00	511.00	12 264.00	1 277.50	19 162.50	5 110.00	45 479.00	
	D产品生产工人	43 400.00	3 472.00	434.00	4 340.00	51 646.00	6 944.00	651.00	7 595.00	59 241.00	868.00		3 472.00	434.00	4 774.00	4 340.00	434.00	10 416.00	1 085.00	16 275.00	4 340.00	38 626.00	
	一车间管理人员	39 400.00	3 152.00	394.00	3 940.00	46 886.00	6 304.00	591.00	6 895.00	53 781.00	788.00		3 152.00	394.00	3 334.00	3 940.00	394.00	9 456.00	985.00	14 775.00	3 940.00	35 066.00	
	二车间管理人员	31 500.00	2 520.00	315.00	3 150.00	37 485.00	5 040.00	472.50	5 512.50	42 997.50	630.00		2 520.00	315.00	3 465.00	3 150.00	315.00	7 560.00	787.50	11 812.50	3 150.00	28 035.00	
机修车间	生产工人	25 600.00	1 888.00	236.00	2 360.00	28 084.00	3 776.00	354.00	4 130.00	32 214.00	472.00		1 888.00	236.00	2 596.00	2 360.00	236.00	5 664.00	590.00	8 850.00	2 360.00	21 004.00	
销售机构人员		16 500.00	1 320.00	165.00	1 650.00	19 635.00	2 640.00	247.50	2 887.50	22 522.50	330.00		1 320.00	165.00	1 815.00	1 650.00	165.00	3 960.00	412.50	6 187.50	1 650.00	14 685.00	
行政管理人员		18 900.00	1 512.00	189.00	1 890.00	22 491.00	3 024.00	283.50	3 307.50	25 798.50	378.00		1 512.00	189.00	2 079.00	1 890.00	189.00	4 536.00	472.50	7 087.50	1 890.00	16 821.00	
合计		325 400.00	26 352.00	3 294.00	32 940.00	391 986.00	52 704.00	4 941.00	57 645.00	449 631.00	6 588.00		26 352.00	3 294.00	35 234.00	32 940.00	3 294.00	79 056.00	8 235.00	123 525.00	32 940.00	293 166.00	

业务 24

托收凭证（收账通知）　　5

委托号码：0181

委托日期：2024 年 12 月 07 日　　付款期限 2024 年 12 月 08 日

业务类型	委托收款（□邮划、□电划）		托收承付（□邮划、□电划）	
付款人	全称	南京无线电厂	收款人 全称	南方吉祥电器制造厂
	账号	215956783648	账号	267506190241
	地址	江苏省南京市/县	地址	海南省南方市/县
汇出行名称		工行南京市分行	汇入行名称	工行南方市分行

委收金额	人民币（大写）玖万捌仟元整	千百十万千百十元角分 ￥ 9 8 0 0 0 0 0
款项	A产品货款	委托收款凭据名称　委托收款　附寄单证张数　贰张
商品发运情况	销货方已发货，购货方已收货	合同名称号码　2019031219

备注：

收回前欠货款享受现金折扣
条件（2/10，1/20，n/30）

上列款项已划回收入你方账户内。

（中国工商银行南方市分行 2024.12.08 转账）

收款人开户银行签章
2024 年 12 月 08 日

复核：邱红琴　记账：孙枚玉

业务 25-1

机器编号：487656261112

海南增值税普通发票

№ 0045342

开票日期：2024年12月05日

购买方	名称：南方吉祥电器制造厂 纳税人识别号：914601007674774536 地址、电话：南方市海利路 118 号 0898-31586889 开户行及账号：工行南方市分行 267506190241	密码区	（略）

货物或应税劳务、服务名称	规格型号	单位	数量	单价	金额	税率	税额
*餐饮服务*餐饮费					566.04	6%	33.96
合　计					566.04		33.96

价税合计（大写）	⊗陆佰元整	（小写）￥600.00

销售方	名称：南方琼洋酒店管理服务有限公司 纳税人识别号：912648591257469831 地址、电话：南方市滨江路 236 号 0898-68569186 开户行及账号：工行南方市滨江支行 622202220600	备注	（南方琼洋酒店管理服务有限公司 912648591257469831 发票专用章）

收款人：王军山　　复核：刘玉仙　　开票人：唐敏尚　　销售方：（章）

第三联 发票联 购买方记账凭证

业务 25-2

中国工商银行 转账支票存根 00657855	中国工商银行 转账支票　　00657855
附加信息 _____ _____ _____ 出票日期　　年　月　日 收 款 人： 金　　额： 用　　途： 单位主管　　　会计	付款期限自出票之日起十天 出票日期（大写）　　年　月　日　付款行名称： 收款人：　　　　　　　　　　出票人账号： 人民币 （大写）　　　　　　亿千百十万千百十元角分 用途 _____ 上列款项请从 我账户内支付 出票人签章（南方吉祥电器制造厂 财务专用章） 密码 _____ 行号 _____ 复核（印 王青）　记账

业务 26

中国工商银行　结算业务收费凭证（回单）
2024年 12月 09日

付款人	全称	南方吉祥电器制造厂			收款人	全称	中国工商银行南方市分行
	开户银行	工行南方市分行	账号	267506190241		开户银行	账号

结算内容	笔数	应收费用		小计	备注：
		手续费 百十元角分	邮电费 百十元角分	百十元角分	
现金支票	2	1 2 0 0		1 2 0 0	现金付讫
转账支票	2	1 4 0 0		1 4 0 0	
				￥ 2 6 0 0	会计分录 借 _____ 　　贷 _____

合计金额（人民币大写）贰拾陆元整　　　　　　复核 王兰梅　　　记账 肖红娟

（中国工商银行南方市分行 2024.12.09 收讫 转讫）

第一联　银行盖章后退回单位

业务 24-29 解析

业务 27-1

中华人民共和国
税收通用缴款书

隶属关系：

经济类型：　　　　　　　　　填发日期 2024 年 12 月 09 日　　征收机关：国家税务总局南方市税务局

缴款单位	代　码	914601007674774536	预算科目	编　码	JZS201912001
	全　称	南方吉祥电器制造厂		名　称	增值税
	开户银行	工行南方市分行		级　次	中央级 75%，地方级 25%
	账　号	267506190241		收款国库	南方市支库　经收处

税款所属时期：2024 年 11 月　　　　　　　　　税款限缴日期：2024 年 12 月 10 日

品目名称	课税数量	计税金额或销售收入	税率或单位税额	已缴或扣除额	实缴金额
增值税					21 693.78
金额合计	人民币（大写）贰万壹仟陆佰玖拾叁元柒角捌分				¥21 693.78

缴款单位（人）（盖章）　　税务机关（盖章）　　上列款项已收妥并划转收款单位账户　　备注：

经办人（章）　　填票人（章）　　国库（银行）盖章 2024 年 12 月 09 日

手工开票无效　　　　无银行收讫章无效　　　逾期不缴按税法规定加收滞纳金

业务 27-2

中华人民共和国
税收通用缴款书

隶属关系：

经济类型：　　　　　　　　　填发日期 2024 年 12 月 09 日　　征收机关：国家税务总局南方市税务局

缴款单位	代　码	914601007674774536	预算科目	编　码	JZS201912002
	全　称	南方吉祥电器制造厂		名　称	城市维护建设税
	开户银行	工行南方市分行		级　次	地方级
	账　号	267506190241		收款国库	南方市支库　经收处

税款所属时期：2024 年 11 月　　　　　　　　　税款限缴日期：2024 年 12 月 10 日

品目名称	课税数量	计税金额或销售收入	税率或单位税额	已缴或扣除额	实缴金额
城市维护建设税					1 518.56
金额合计	人民币（大写）壹仟伍佰壹拾捌元伍角陆分				¥1 518.56

缴款单位（人）（盖章）　　税务机关（盖章）　　上列款项已收妥并划转收款单位账户　　备注：

经办人（章）　　填票人（章）　　国库（银行）盖章 2024 年 12 月 09 日

手工开票无效　　　　无银行收讫章无效　　　逾期不缴按税法规定加收滞纳金

业务27-3

中华人民共和国
税收通用缴款书

隶属关系：
经济类型：　　　　　　　　　填发日期2024年12月09日　　　征收机关：国家税务总局南方市税务局

缴款单位	代　　码	9146010076747744536	预算科目	编　　码	JZS201912003
	全　　称	南方吉祥电器制造厂		名　　称	教育费附加
	开户银行	工行南方市分行		级　　次	地方级
	账　　号	267506190241	收款国库		南方市支库　经收处

税款所属时期：2024年11月　　　　　税款限缴日期：2024年12月10日

品目名称	课税数量	计税金额或销售收入	税率或单位税额	已缴或扣除额	实缴金额
教育费附加					650.81
金额合计	人民币（大写）陆佰伍拾元捌角壹分				¥650.81

缴款单位（人）（盖章）　　税务机关（盖章）　　上列款项已收妥并划转缴款单位账户　　备注：

经办人（章）　　填票人（章）　　国库（银行）盖章2024年12月09日

手工开票无效　　　　无银行收讫章无效　　　　逾期不缴按税法规定加收滞纳金

业务28-1

广发证券有限责任公司南方市和平大道营业部
交割凭证
2024年12月09日

账户名称：南方吉祥电器制造厂	
股东编号：A168281342 电脑编号：83576 公司编号：9876	成交证券：深圳机电股份有限公司 成交数量：20 000 股 成交价格：10.02 元
申请编号：493 申报时间：10：00 成交时间：10：30	成交金额：200 400.00 元 标准佣金：0 元 过户费用：1 857 元
上次余额：20 000 股 本次成交：20 000 股 本次余额：0 股	印花税：1 290 元 附加费用：0 元 应收金额：197 253 元 应付金额：0 元

73

业务 28-2

日期：2024.12.09　　　　　　　　　　　　　　　　　　　　　凭证号：829

广发证券有限责任公司南方市和平大道营业部
支汇票取款凭证

资金账号：072208517547　　　　　客户姓名：南方吉祥电器制造厂
付出金额：人民币 197253.00 元
本次余额：人民币 0 元
大写金额：壹拾玖万柒仟贰佰伍拾叁元整
摘　　要：支汇票取款
银行账号：267506190241

操作员：林先爱　　　　　复核：王长林　　　　　客户签名：李文海

业务 28-3

中国工商银行　进账单（收账通知）　　　3

2024 年 12 月 09 日

出票人	全称	广发证券有限责任公司南方市和平大道营业部	收款人	全称	南方吉祥电器制造厂	此联是银行交给收款人的收账通知
	账号	591833654478		账号	267506190241	
	开户银行	工行上海市分行		开户银行	工行南方市分行	
金额	人民币（大写）	壹拾玖万柒仟贰佰伍拾叁元整	亿千百十万千百十元角分　¥ 1 9 7 2 5 3 0 0			
票据种类	交易凭单	票据张数	壹张			
票据号码	PD20191217547					
备注：	股票交易成交，过户交割				收款人开户银行签章	

复核　苏涛虹　　　记账　黄飞剑

业务 29-1

海南增值税专用发票 发票联

机器编号：291077472264
№ 0045684
开票日期：2024年12月10日

购买方	名　　称：南方吉祥电器制造厂 纳税人识别号：914601007674774536 地　址、电　话：南方市海利路118号 0898-31586889 开户行及账号：工行南方市分行 267506190241

密码区（略）

货物或应税劳务、服务名称	规格型号	单位	数量	单价	金额	税率	税额
*安装服务*安装铣床		台	1	13846	13846	9%	1246.14
合　计					￥13846		￥1246.14

价税合计（大写）：⊗壹万伍仟零玖拾贰元壹角肆分　　（小写）￥15092.14

销售方	名　　称：南方立达安装有限公司 纳税人识别号：912218531257463837 地　址、电　话：南方市大庆路55号 0898-57691283 开户行及账号：中行南方大庆支行 654832150198

备注：南方立达安装有限公司 发票专用章

收款人：于露洁　　复核：张明达　　开票人：王康云　　销售方：（章）

业务 29-2

中国工商银行 转账支票存根 00657856

附加信息：

出票日期　年　月　日
收 款 人：
金　　额：
用　　途：安装一车间铣床
单位主管　　　会计

中国工商银行 转账支票　00657856

出票日期（大写）　年　月　日　付款行名称：
收款人：　　　　　　　　　　　出票人账号：
人民币（大写）　｜亿｜千｜百｜十｜万｜千｜百｜十｜元｜角｜分｜

用途：
上列款项请从我账户内支付
出票人签章：南方吉祥电器制造厂 财务专用章

密码：
行号：
复核：（印 王青）　记账

业务 30

海南增值税专用发票 No 0045172

机器编号：306174295612
开票日期：2024年12月10日

第三联 发票联 购买方记账凭证

购买方
- 名　　　称：南方吉祥电器制造厂
- 纳税人识别号：914601007674774536
- 地　址、电　话：南方市海利路118号 0898-31586889
- 开户行及账号：工行南方市分行 267506190241

密码区（略）

现金付讫

货物或应税劳务、服务名称	规格型号	单位	数量	单价	金额	税率	税额
*文化用品*文件夹		个	20	6.80	136.00	13%	17.68
*文化用品*笔		支	200	0.50	100.00	13%	13.00
*文化用品*计算器		个	1	44.46	44.46	13%	5.78
合　计					￥280.46		￥36.46

价税合计（大写）　⊗叁佰壹拾陆元玖角贰分　（小写）￥316.92

销售方
- 名　　　称：南方大有文化用品有限公司
- 纳税人识别号：918658749655464645
- 地　址、电　话：南方市长沙路126号 0898-29654230
- 开户行及账号：中行南方长沙路支行 196574123898

备注（南方大有文化用品有限公司发票专用章）

收款人：张武林　　复核：李琦瑞　　开票人：王莹花　　销售方：（章）

业务 31-1

领 料 单 （记账联）

领料部门：一车间　　开单日期 2024 年 12 月 10 日　　编号：8029
发料仓库：3号仓库　　发料日期 2024 年 12 月 10 日　　限 10 天有效

货物用途	材料名称	型号规格	单位	数量（请领）	数量（实领）	单价/(元/套)	金额/元
一般耗用	工作服	DEP015	套	70	70	118.00	8260.00

领料根据及用途：以上材料按实际成本核算，一车间一般耗用。

发料主管：张有宝　　发料人：申兰　　领料主管：黄力佳　　领料人：刘强

业务 30-35 解析

第3章 会计综合实训资料

业务31-2

领 料 单 （记账联）

领料部门：二车间　　　　开单日期 2024 年 12 月 10 日　　　　　　　　　编号：8030
发料仓库：3号仓库　　　发料日期 2024 年 12 月 10 日　　　　　　　　　限 10 天有效

货物用途	材料名称	型号规格	单位	数量 请领	数量 实领	单价/（元/套）	金额/元
一般耗用	工作服	DEP015	套	60	60	118.00	7080.00
领料根据及用途：以上材料按实际成本核算，二车间一般耗用。								

发料主管：张有宝　　　发料人：申兰　　　领料主管：黄力佳　　　领料人：刘强

业务31-3

领 料 单 （记账联）

领料部门：机修车间　　开单日期 2024 年 12 月 10 日　　　　　　　　　编号：8031
发料仓库：3号仓库　　　发料日期 2024 年 12 月 10 日　　　　　　　　　限 10 天有效

货物用途	材料名称	型号规格	单位	数量 请领	数量 实领	单价/（元/套）	金额/元
修理耗用	工作服	DEP015	套	10	10	118.00	1180.00
领料根据及用途：以上材料按实际成本核算，机修车间耗用。								

发料主管：张有宝　　　发料人：申兰　　　领料主管：黄力佳　　　领料人：刘强

业务32

中国工商银行南方市分行　送款回单

总字 89 号
字 12 号

填送 2024 年 12 月 10 日　　　开户银行：工行南方市分行

单位全称	南方吉祥电器制造厂	账　号	2675061190241

亿千百十万千百十元角分
￥ 5 0 0 0 0 0 0 0 0

人民币（大写）伍拾万元整

款项来源：南方光明电缆厂投资款

备注：此送款单于第 1 次清算提出
　　　受理银行本票

经办员　王伟

（附单据壹张）　　　　　　　　银行签章处

中国工商银行南方市分行　2024.12.10　转账转讫

单位主管：张枚倩　　　会计：林清旭　　　复核：陈方丹　　　记账：黎明荣

业务 33-1

机器编号：331045176626	海南增值税专用发票 发票联	№ 0076711 开票日期：2024年12月11日

购买方	名　　称：南方吉祥电器制造厂 纳税人识别号：914601007674774536 地　址、电　话：南方市海利路118号 0898-31586889 开户行及账号：工行南方市分行 267506190241	密码区	（略）

货物或应税劳务、服务名称	规格型号	单位	数量	单价	金额	税率	税额
*器材制造*挤压机	NFJY001	台	1	20000.00	20000.00	13%	2600.00
合　计					￥20000.00		￥2600.00

价税合计（大写）	⊗ 贰万贰仟陆佰元整	（小写）￥22600.00

销售方	名　　称：南方挤压机厂 纳税人识别号：912658659821576259 地　址、电　话：南方市万全路26号 0898-56217989 开户行及账号：工行南方市分行 154952369547	备注	（南方挤压机厂发票专用章）

收款人：秦方青　　　复核：孙枚蓉　　　开票人：周红兴　　　销售方：（章）

业务 33-2

中国工商银行转账支票存根　00657857

附加信息：_____

出票日期　年　月　日
收款人：_____
金　额：_____
用　途：_____
单位主管　　　会计

付款期限自出票之日起十天

中国工商银行 转账支票　00657857

出票日期（大写）　年　月　日　　付款行名称：_____
收款人：_____　　　　　出票人账号：_____

人民币（大写）		亿	千	百	十	万	千	百	十	元	角	分

用途：_____　　　　密码：_____
上列款项请从　　　　　　行号：_____
我账户内支付
出票人签章：（南方吉祥电器制造厂财务专用章）　复核：（印）　记账：（王青）

业务 33-3

固定资产验收单
2024 年 12 月 11 日

供货单位：南方挤压机厂

固定资产编号	固定资产名称	规格	单位	数量	金额／元	备注
JXDQGZ1201	挤压机	NFJY001	台	1	20000.00	需要安装

仓储主管：张有宝　　　　验收人：王峰　　　　采购主管：王赐中　　　　采购员：林超

业务 34-1

领 料 单 （记账联）

领料部门：南方思明塑料有限公司　　开单日期 2024 年 12 月 11 日　　编号：8032
发料仓库：1 号仓库　　发料日期 2024 年 12 月 11 日　　限 10 天有效

货物用途	材料名称	型号规格	单位	数量 请领	数量 实领	单价／（元／千克）	金额／元
出售	甲材料	JCL369	千克	50	50	11	550.00

领料根据及用途：以上材料按计划成本核算，向南方思明塑料有限公司出售甲材料。

发料主管：张有宝　　　发料人：申兰　　　领料主管：黄力佳　　　领料人：刘强

业务 34-2

机器编号：342066762628

海南增值税专用发票
此联不作报销抵扣税凭证使用

No 234568
开票日期：2024 年 12 月 11 日

购买方：
名　　称：南方思明塑料有限公司
纳税人识别号：916675991449627855
地址、电话：南方市民主路 38 号 0898-65885166
开户行及账号：建行南方市海德支行 620358776652

密码区：（略）

货物或应税劳务、服务名称	规格型号	单位	数量	单价	金额	税率	税额
*金属制品*甲材料	JCL369	千克	50	16.99	849.56	13%	110.44
合　计					849.56		110.44

价税合计（大写）：⊗玖佰陆拾元整　　　　（小写）￥960.00

销售方：
名　　称：南方吉祥电器制造厂
纳税人识别号：914601007674774536
地址、电话：南方市海利路 118 号 0898-31586889
开户行及账号：工行南方市分行 267506190241

收款人：周州　　　复核：李民　　　开票人：李文海　　　销售方：（章）

第一联　记账联　销售方记账凭证

85

业务 34-3

中国工商银行 现金进账单（回单或收账通知）
2024年12月11日

收款人	全 称	南方吉祥电器制造厂	开户银行	工行南方市分行
	账 号	267506190241	款项来源	出售甲材料

人民币（大写） 玖佰陆拾元整

票面	张数	十万	千	百	十	元	角	分	票面	张数	百	十	元	角	分
壹佰	9			9	0	0	0	0	伍角						
伍拾	1				5	0	0	0	壹角						
贰拾									伍分						
拾元	1					1	0	0	贰分						
伍元									壹分						
壹元									合计						
合计				¥	9	6	0	0							

收款银行盖章：中国工商银行南方市分行 2024.12.11 转账
收银员
复核员

业务 35-1

海南增值税专用发票 发票联 № 0045684
机器编号：351726276676
开票日期：2024年12月11日

购买方	名 称：南方吉祥电器制造厂	密码区
	纳税人识别号：9146010076747745 36	（略）
	地 址、电 话：南方市海利路118号 0898-31586889	
	开户行及账号：工行南方市分行 267506190241	

货物或应税劳务、服务名称	规格型号	单位	数量	单价	金额	税率	税额
*安装服务*安装费	XD6589	台	1	1240.00	1240.00	9%	111.60
合 计					¥1240.00		¥111.60

价税合计（大写） ⊗壹仟叁佰伍拾壹元陆角整　　　（小写）¥1351.60

销售方	名 称：南方顺佳机电安装有限公司	备注
	纳税人识别号：915592587479595953	南方顺佳机电安装有限公司 915592587479595953 发票专用章
	地 址、电 话：南方市北苑路38号 0898-36857433	
	开户行及账号：中行南方市北苑路支行 622202229785	

收款人：林仙琳　　复核：李明华　　开票人：王清磊　　销售方：（章）

第三联 发票联 购买方记账凭证

业务 35-2

中国工商银行 转账支票存根 00657858	中国工商银行 转账支票　00657858
附加信息 _____ _____ _____ 出票日期　年　月　日 收款人： 金　额： 用　途： 单位主管　　　会计	出票日期（大写）　年　月　日　付款行名称： 收款人：　　　　　　　　　　　出票人账号： 人民币 （大写）　　｜亿｜千｜百｜十｜万｜千｜百｜十｜元｜角｜分｜ 用途 _____　　　密码 _____ 上列款项请从　　　行号 _____ 我账户内支付 出票人签章（南方吉祥电器制造厂 财务专用章）　复核（印 王青） 记账

业务 35-3

固定资产交付使用单

使用部门：机修车间　　日期：2024年12月11日

设备名称	挤压机	设备编号	573244
规格型号	XD6589	原始价值	21240.00 元
精密程度	高	预计使用年限	5 年
生产单位	南方挤压机厂	预计净残值	4%
出厂日期	2024年3月15日	交付使用日期	2024年12月11日
验收项目	验收记录		负责人
运转状态	良好		王峰
精密测试	良好		王峰
达产程度	良好		王峰
环境监察	良好		宋荣
综合意见	可以使用		宋荣

仓储主管：张有宝　　验收人：王峰　　设备主管：黎明　　财务主管：代保珍

业务 36-1

领 料 单（记账联）

领料部门：一车间　　开单日期 2024 年 12 月 11 日　　编号：8033
发料仓库：3 号仓库　　发料日期 2024 年 12 月 11 日　　限 10 天有效

货物用途	材料名称	型号规格	单位	数量 请领	数量 实领	单价/(元/副)	金额/元
一般耗用	手套	DEP016	副	120	120	3.6	432.00

领料根据及用途：以上材料按实际成本核算，一车间一般耗用。

发料主管：张有宝　　发料人：申兰　　领料主管：黄力佳　　领料人：刘强

业务 36-2

领 料 单（记账联）

领料部门：二车间　　开单日期 2024 年 12 月 11 日　　编号：8034
发料仓库：3 号仓库　　发料日期 2024 年 12 月 11 日　　限 10 天有效

货物用途	材料名称	型号规格	单位	数量 请领	数量 实领	单价/(元/副)	金额/元
一般耗用	手套	DEP016	副	90	90	3.6	324.00

领料根据及用途：以上材料按实际成本核算，二车间一般耗用。

发料主管：张有宝　　发料人：申兰　　领料主管：黄力佳　　领料人：刘强

业务 36-3

领 料 单（记账联）

领料部门：机修车间　　开单日期 2024 年 12 月 11 日　　编号：8035
发料仓库：3 号仓库　　发料日期 2024 年 12 月 11 日　　限 10 天有效

货物用途	材料名称	型号规格	单位	数量 请领	数量 实领	单价/(元/副)	金额/元
修理耗用	手套	DEP016	副	50	50	3.6	180.00

领料根据及用途：以上材料按实际成本核算，机修车间耗用。

发料主管：张有宝　　发料人：申兰　　领料主管：黄力佳　　领料人：刘强

业务 37-1

差旅费报销单

单位名称：南方吉祥电器制造厂　　　　　出差起止日期由 2024 年 12 月 05 日至 2024 年 12 月 09 日

出差人姓名：张晓丽			出差地点：广州		出差天数：5			事由：参加企业发展交流会
飞机车船及住宿	种类	票据张数	金额	出差地点	天数	标准	金额	报销结算情况
	火车票	2	270.00	广州	5	90.00	450.00	原出差借款 1800.00 元，报销 1156.00 元，补 0 元，退还 644.00 元。
	市内汽车费	13	46.00	出差补助费				
	住宿费	1	260.00					
	其他车补		130.00					
	长途汽车费							
								说明
	小　计		706.00					审批人　　支领人
合计金额	大写：壹仟壹佰伍拾陆元整　　小写：¥1156.00							王青　　张晓丽 2024 年 12 月 12 日

业务 37-2

收 款 收 据

收款日期：2024 年 12 月 12 日　　　　　　　　　　　　　　　　　　　　　No.23459

今收到：张晓丽

交　来：原借差旅费的剩余款项

人民币（大写）陆佰肆拾肆元整　　　　¥ 644.00

备注：

收款单位：南方吉祥电器制造厂　　　　收款人：周州　　　　经办人：张晓丽

业务 38-1

| 机器编号： 381726163637 | 海南增值税专用发票 发票联 | № 0045677 开票日期：2024年12月12日 |

| 购买方 | 名　　　称：南方吉祥电器制造厂
纳税人识别号：914601007674774536
地　址、电话：南方市海利路118号 0898-31586889
开户行及账号：工行南方市分行 267506190241 | 密码区 | （略） |

货物或应税劳务、服务名称	规格型号	单位	数量	单价	金额	税率	税额
*广告服务*广告费					18000	6%	1080.00
合　计					￥18000		￥1080.00

价税合计（大写）　⊗壹万玖仟零捌拾元整　　　　（小写）￥19080.00

| 销售方 | 名　　　称：南方金亿广告服务有限公司
纳税人识别号：916502267479825921
地　址、电话：南方市芙蓉路96号 0898-96854712
开户行及账号：建行南方市芙蓉路支行 123456987358 | 备注 | （销售方发票专用章） |

收款人：杨光柱　　　复核：张友明　　　开票人：王建学　　　销售方：（章）

业务 38-2

中国工商银行 转账支票存根 00657859	中国工商银行 转账支票　　00657859
附加信息 　 　 出票日期　年　月　日 收　款　人： 金　　　额： 用　　　途： 单位主管　　　会计	出票日期（大写）　　年　月　日　付款行名称： 收款人：　　　　　　　　　　　　出票人账号： 人民币（大写）　｜亿｜千｜百｜十｜万｜千｜百｜十｜元｜角｜分｜ 用途　　　　　　　　　密码 上列款项请从　　　　　行号 我账户内支付 出票人签章（南方吉祥电器制造厂 财务专用章）　复核（印）　记账

业务 39-1

海南增值税专用发票
此联不作报销、扣税凭证使用

机器编号：391726768846
№ 234569
开票日期：2024 年 12 月 12 日

购买方	名　　　称：山西广播电视影业有限公司 纳税人识别号：915485235459523524 地　址、电　话：太原市福慧路 121 号 0351-82206541 开户行及账号：工行太原市分行 956231455218	密码区	（略）

货物或应税劳务、服务名称	规格型号	单位	数量	单价	金额	税率	税额
金属制品 A 产品	ACP001	件	600	200.00	120000.00	13%	15600.00
合　计					￥120000.00		￥15600.00

价税合计（大写）⊗壹拾叁万伍仟陆佰元整　　（小写）￥135600.00

销售方	名　　　称：南方吉祥电器制造厂 纳税人识别号：914601007674774536 地　址、电　话：南方市海利路 118 号 0898-31586889 开户行及账号：工行南方市分行 267506190241	备注	（发票专用章）

收款人：周州　　复核：李民　　开票人：李文海　　销售方：（章）

第一联 记账联 销售方记账凭证

业务 39-2

产品销售单
2024 年 12 月 12 日

购货单位	山西广播电视影业有限公司			车号	琼 AY8197
产品名称	规格	单位	计划数	单价/(元/件)	金额/元
A 产品	ACP001	件	600		
备注					赊销

销售单位：南方吉祥电器制造厂　　财务科长：代保珍　　制表人：杨明

发货返财务

业务 39-3

代垫运费证明单
日期：2024 年 12 月 12 日

购货单位	山西广播电视影业有限公司	发往地点	山西
货物名称	A 产品	货物数量	600 件
运费金额	大写：肆仟捌佰元整　￥4800.00		
运输方式及票号	汽运		
委托运货单位	南方吉祥电器制造厂		

部门负责人：彭智　　经手人：毛业　　制表人：李民

第二联 记账联

业务 39-4

海南增值税专用发票 发票联

机器编号：394726876548

№ 0045626

开票日期：2024年12月12日

购买方	名　　　　称：山西广播电视影业有限公司 纳税人识别号：915485235459523524 地　址、电　话：山西省太原市共和路121号　0351-82206541 开户行及账号：工行太原市分行 956231455218	密码区	（略）

货物或应税劳务、服务名称	规格型号	单位	数量	单价	金额	税率	税额
*货物运输*运费					4403.67	9%	396.33
合　计					￥4403.67		￥396.33

价税合计（大写）	⊗肆仟捌佰元整	（小写）￥4800.00

销售方	名　　　　称：南方市万全物流有限公司 纳税人识别号：916221305217453652 地　址、电　话：南方市滨海路28号　0898-5230213 开户行及账号：中行南方市滨海路 622052143624	备注	南方市—山西太原市 车号：*A62986 货物：A产品

收款人：赵光恒　　复核：张友涛　　开票人：王索琳　　销售方：（章）

业务 39-5

中国工商银行 转账支票存根
00657860

附加信息 _____
_____

出票日期　　年　月　日
收 款 人：
金　　额：
用　　途：
单位主管　　　　　会计

中国工商银行 转账支票　00657860

出票日期（大写）　　年　　月　　日　付款行名称：
收款人：　　　　　　　　　　　　　出票人账号：

人民币 （大写）	亿	千	百	十	万	千	百	十	元	角	分

用途 _____　　　　密码 _____
上列款项请从　　　　　　　行号 _____
我账户内支付
出票人签章　　　　　　　　复核　　　　记账

业务40

中国工商银行　电汇凭证（回单）　4

□普通　□加急　　委托日期 2024 年 12 月 01 日

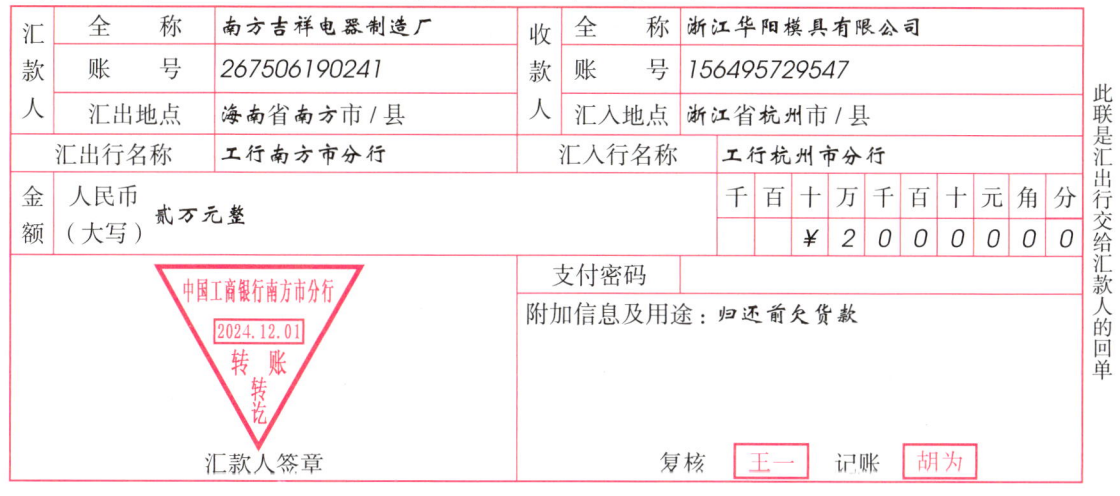

汇款人	全　称	南方吉祥电器制造厂	收款人	全　称	浙江华阳模具有限公司
	账　号	267506190241		账　号	156495729547
	汇出地点	海南省南方市 / 县		汇入地点	浙江省杭州市 / 县
	汇出行名称	工行南方市分行		汇入行名称	工行杭州市分行

金额	人民币（大写）	贰万元整	千百十万千百十元角分 ￥ 2 0 0 0 0 0 0

支付密码：

附加信息及用途：归还前欠货款

汇款人签章：中国工商银行南方市分行 2024.12.01 转账

复核 王一　　记账 胡为

此联是汇出行交给汇款人的回单

业务41

固定资产交付使用单

使用部门：一车间　　　　日期：2024 年 12 月 15 日

设备名称	铣床	设备编号	CJ03-06
规格型号	XC843196	原始价值	245750.51 元
精密程度	高	预计使用年限	10 年
生产单位	东凤机床厂	预计净残值	4%
出厂日期	2024 年 4 月 18 日	交付使用日期	2024 年 12 月 15 日
验收项目	验收记录		负责人
运转状态	良好		李兵
精密测试	良好		李兵
达产程度	良好		李兵
环境监察	良好		杨林
综合意见	可以投入使用		杨林

仓储主管：张有宝　　验收人：王峰　　设备主管：黎明　　财务主管：代保珍

业务42-1

产品销售单

2024 年 12 月 15 日

购货单位	南方机电设备有限公司			车号	琼 AX3941
产品名称	规格	单位	计划数	单价/(元/件)	金额/元
B 产品	BCP002	件	500		
备注					转账支票

销售单位：南方吉祥电器制造厂　　财务科长：代保珍　　制表人：杨明

发货返财务

业务 42-2

海南增值税专用发票

此联不作报销、扣税凭证使用

机器编号：422766678086

№ 234570

开票日期：2024年12月15日

购买方	名　　称：南方机电设备有限公司 纳税人识别号：915818336566713318 地　址、电　话：南方市祥和路16号 0898-25576914 开户行及账号：工行南方市分行 624895746521	密码区	（略）

货物或应税劳务、服务名称	规格型号	单位	数量	单价	金额	税率	税额
金属制品 B产品	BCP002	件	500	180.00	90000.00	13%	11700.00
合　计					￥90000.00		￥11700.00

价税合计（大写）　⊗壹拾万壹仟柒佰元整　　　（小写）￥101700.00

销售方	名　　称：南方吉祥电器制造厂 纳税人识别号：914601007674774536 地　址、电　话：南方市海利路118号 0898-31586889 开户行及账号：工行南方市分行 267506190241	备注	（销售方发票专用章）

收款人：周州　　复核：李民　　开票人：李文海　　销售方：（章）

业务 42-3

中国工商银行　进账单（收账通知）　3

2024年12月15日

汇款人	全　称	南方机电设备有限公司	收款人	全　称	南方吉祥电器制造厂
	账　号	624895746521		账　号	267506190241
	开户银行	工行南方市分行		开户银行	工行南方市分行

金额	人民币（大写）	壹拾万壹仟柒佰元整	亿 千 百 十 万 千 百 十 元 角 分 ￥　　　　1 0 1 7 0 0 0 0

票据种类：转账发票　　票据张数：壹张

票据号码：

备注：销售B产品货款

复核 张力洋　　记账 江兰雪

（中国工商银行南方市分行 2024.12.15 转账）

收款人开户银行签章

业务43-1

收款收据

收款日期：2024年12月15日　　　　　　　　　　　　　　　　　　No.23458

今收到：	商丘电器贸易有限公司
交　来：	合同违约金
人民币（大写）	贰仟元整 （小写）¥2000.00
备注：	商丘电器贸易有限公司单方终止合同

收款单位：南方吉祥电器制造厂　　　收款人：周州　　　经办人：彭智

业务43-2

中国工商银行　信汇凭证（回单）　　1

委托日期 2024 年 12 月 15 日

☐普通　☐加急

汇款人	全　称	商丘电器贸易有限公司	收款人	全　称	南方吉祥电器制造厂
	账　号	548935719516		账　号	267506190241
	汇出地点	河南省商丘市/县		汇入地点	海南省南方市/县
	汇出行名称	工行商丘市分行		汇入行名称	工行南方市分行
金额	人民币（大写）	贰仟元整	千百十万千百十元角分　¥200000		

支付密码：
附加信息及用途：收到违约金

汇出行签章　　　复核：王明　　记账：胡秀

此联汇出行给汇款人的回单

业务 44

中国工商银行 现金支票存根 006754855			中国工商银行 现金支票		006754855
附加信息 _____ _____		付款期限自出票之日起十天	出票日期（大写） 年 月 日 付款行名称： 收款人： 出票人账号：	人民币（大写）	亿千百十万千百十元角分
出票日期 年 月 日			用途 _____	密码 _____	
收 款 人：			上列款项请从 我账户内支付 出票人签章 (印章)	行号 _____ 复核 (印章) 记账	
金　　额：					
用　　途：					
单位主管　　　　会计					

业务 45-1

医药费报销单　　　　　　　　　　　　　　　编号547
2024年12月16日　　　　　　　　　　　　　　　附单据 1 张

职工姓名	杨柳	家属姓名		与本人关系	
种　类	凭证张数		全部金额/元	报销金额/元	
西药费					
挂号费					
针药费	1		1146.25	1146.25	
外配药					
按规定报销人民币（大写）：壹仟壹佰肆拾陆元贰角伍分				¥1146.25	
财务主管	记账	出纳	审核	制单	报销人签收
代保珍	李民	周州	李文海	杨柳	杨柳

业务 45-2

机器编号：452677889626	海南增值税专用发票 发票联	№ 0045623 开票日期：2024年12月16日

<table>
<tr><td rowspan="3">购买方</td><td>名　　称：南方吉祥电器制造厂</td><td rowspan="3">密码区</td><td rowspan="3">（略）</td></tr>
<tr><td>纳税人识别号：914601007674774536</td></tr>
<tr><td>地　址、电　话：南方市海利路 118 号 0898-31586889
开户行及账号：工行南方市分行 267506190241</td></tr>
</table>

货物或应税劳务、服务名称	规格型号	单位	数量	单价	金额	税率	税额
*医疗服务*针药费				1146.25	1146.25	0%	0
合　计					￥1146.25		0

价税合计（大写）	⊗壹仟壹佰肆拾陆元贰角伍分	（小写）￥1146.25

<table>
<tr><td rowspan="3">销售方</td><td>名　　称：南方市人民医院</td><td rowspan="3">备注</td><td rowspan="3">南方市人民医院
911204560876783238
发票专用章</td></tr>
<tr><td>纳税人识别号：911204560876783238</td></tr>
<tr><td>地　址、电　话：南方市五指山路 34 号 0898-68765432
开户行及账号：建行南方市五指山路支行 156495729547</td></tr>
</table>

收款人：杨光春　　　复核：张友明　　　开票人：王建芳　　　销售方：（章）

业务 45-3

医药费报销单

2024 年 12 月 16 日

编号 854　　附单据 1 张

职工姓名	张越娟	家属姓名		与本人关系	
种　类	凭证张数		全部金额/元	报销金额/元	
西药费	1		981.72	981.72	
挂号费					
针药费					
外配药					
按规定报销人民币（大写）：玖佰捌拾壹元柒角贰分				￥981.72	

财务主管	记账	出纳	审核	制单	报销人签收
代保珍	李民	周州	李文海	张越娟	张越娟

业务 45-4

海南增值税专用发票 发票联 第三联 发票联 购货方记账凭证

机器编号：454726287774

No 0045624
开票日期：2024年12月16日

购买方	名　　称：南方吉祥电器制造厂 纳税人识别号：914601007674774536 地　址、电　话：南方市海利路118号 0898-31586889 开户行及账号：工行南方市分行 267506190241	密码区	（略）

货物或应税劳务、服务名称	规格型号	单位	数量	单价	金额	税率	税额
*医药服务*西药		瓶	4	245.43	981.72	0%	0
合　计					¥981.72		0

价税合计（大写）　⊗玖佰捌拾壹元柒角贰分　　（小写）¥981.72

销售方	名　　称：南方市人民医院 纳税人识别号：911204560876783238 地　址、电　话：南方市五指山路34号 0898-68765432 开户行及账号：建行南方市五指山路支行 156495729547	备注	（南方市人民医院发票专用章）

收款人：杨光春　　　复核：张友明　　　开票人：王建芳　　　销售方：（章）

业务 46

海南增值税普通发票 发票联 第三联 发票联 购买方记账凭证

机器编号：468726267760

No 0089654
开票日期：2024年12月10日

购买方	名　　称：南方吉祥电器制造厂 纳税人识别号：914601007674774536 地　址、电　话：南方市海利路118号 0898-31586889 开户行及账号：工行南方市分行 267506190241	密码区	（略）

货物或应税劳务、服务名称	规格型号	单位	数量	单价	金额	税率	税额
*货物运输*运费					133.26	3%	4
合　计					¥133.26		4

（现金付讫）

价税合计（大写）　⊗壹佰叁拾柒元贰角陆分　　（小写）¥137.26

销售方	名　　称：南方顺通运输有限公司 纳税人识别号：915621345214795331 地　址、电　话：南方市五指山路21号 0898-39856214 开户行及账号：农行南方市分行 965852146211	备注	南方市 车方：*C95632 货物：B产品 （南方顺通运输有限公司发票专用章）

收款人：吴光文　　　复核：李友丽　　　开票人：张索虎　　　销售方：（章）

业务47

商业承兑汇票（存根）

3IV3192978

签发日期：2024年12月17日　　第 101 号

付款人	全　称	南方吉祥电器制造厂	收款人	全　称	上海远华实业有限公司
	账　号	267506190241		账　号	649725834167
	开户银行	工行南方市分行		开户银行	工行上海市分行

金额	人民币（大写）	叁万贰仟元整	亿 千 百 十 万 千 百 十 元 角 分 ￥ 3 2 0 0 0 0 0

汇票到期日	贰零贰伍年零陆月壹拾柒日	付款人开户行	行号
交易合同号码			地址

备注：不带息商业承兑汇票　　　　负责人 孙清田　　经办人 周山远

业务48-1

产品销售单
2024年12月17日

购货单位	南方银光实业有限公司			车号	琼DB5189
产品名称	规格	单位	计划数	单价/(元/件)	金额/元
B产品	BCP002	件	300		
备注				转账支票	

销售单位：南方吉祥电器制造厂　　财务科长：代保珍　　制表人：杨明

业务48-2

海南增值税专用发票　　No 234270

机器编号：482176523379　　此联不作报销、扣税凭证使用　　开票日期：2024年12月17日

购买方	名　　　称：南方银光实业有限公司	密码区	（略）
	纳税人识别号：916188994548651785		
	地　址、电　话：南方市昌洛路47号 0898-31227498		
	开户行及账号：农行南方市分行 452165893256		

货物或应税劳务、服务名称	规格型号	单位	数量	单价	金额	税率	税额
金属制品 B产品	BCP002	件	300	180.00	54000.00	13%	7020.00
合　计					￥54000.00		￥7020.00

价税合计（大写）　⊗陆万壹仟零贰拾元整　　（小写）￥61020.00

销售方	名　　　称：南方吉祥电器制造厂	备注	
	纳税人识别号：914601007674774536		
	地　址、电　话：南方市海利路118号 0898-31586889		
	开户行及账号：工行南方市分行 267506190241		

收款人：周州　　复核：李民　　开票人：李文海　　销售方：（章）

业务 48-3

中国工商银行 进账单 （收账通知） 3

2024年12月17日

出票人	全称	南方银光实业有限公司	收款人	全称	南方吉祥电器制造厂
	账号	452165893256		账号	267506190241
	开户银行	农行南方市分行		开户银行	工行南方市分行

金额	人民币（大写）	陆万壹仟零贰拾元整	亿 千 百 十 万 千 百 十 元 角 分
			￥ 6 1 0 2 0 0 0

票据种类	转账支票	票据张数	壹张
票据号码	ZP20191200817		

备注：
销售B产品货款

复核 苏涛梅   记账 黄飞艳

收款人开户银行签章（中国工商银行南方市分行 2024.12.17 转账转讫）

此联是银行交给收款人的收账通知

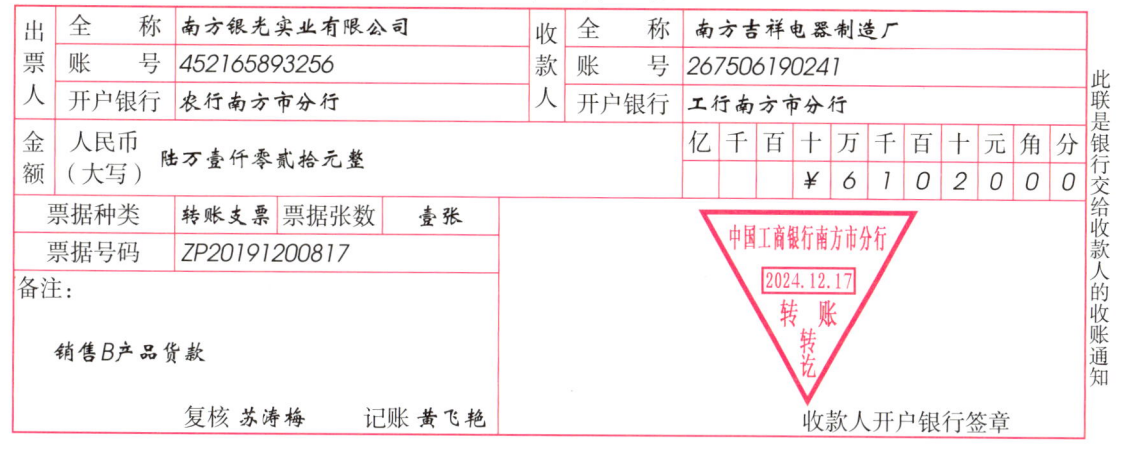

业务 49-1

托收凭证（付款通知） 5

委托号码：00870

委托日期：2024年12月17日　　付款期限 2024年12月20日

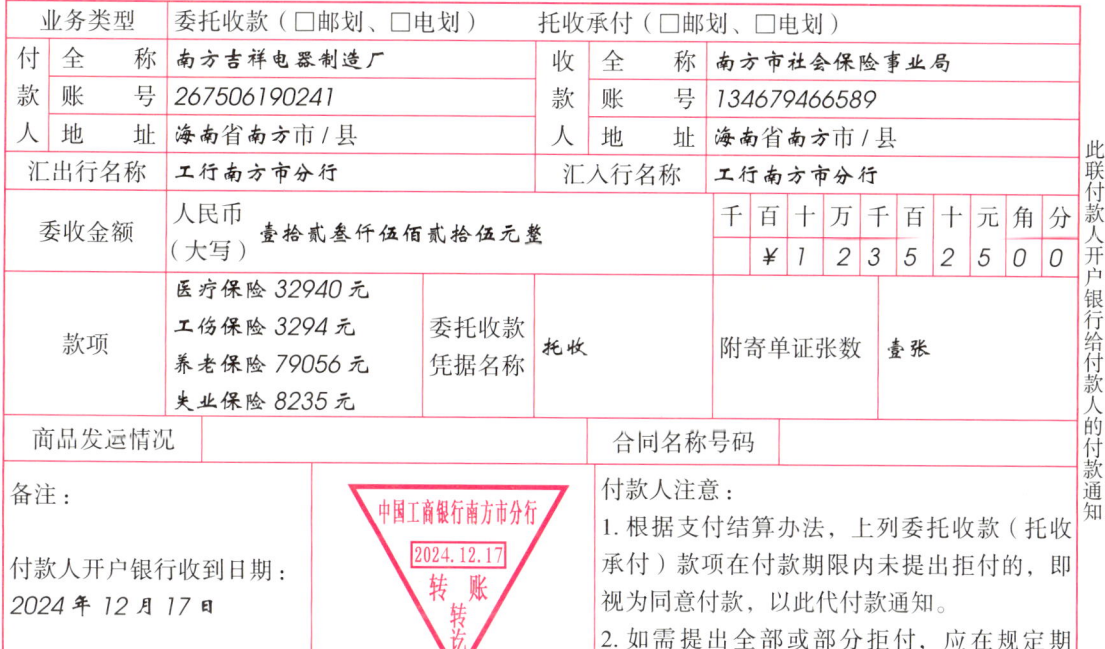

业务类型	委托收款（□邮划、□电划）	托收承付（□邮划、□电划）

付款人	全称	南方吉祥电器制造厂	收款人	全称	南方市社会保险事业局
	账号	267506190241		账号	134679466589
	地址	海南省南方市/县		地址	海南省南方市/县
汇出行名称	工行南方市分行		汇入行名称	工行南方市分行	

委收金额	人民币（大写） 壹拾贰叁仟伍佰贰拾伍元整	千 百 十 万 千 百 十 元 角 分
		￥ 1 2 3 5 2 5 0 0

款项	医疗保险 32940元 工伤保险 3294元 养老保险 79056元 失业保险 8235元	委托收款凭据名称	托收	附寄单证张数	壹张

商品发运情况		合同名称号码	

备注：

付款人开户银行收到日期：
2024年12月17日

复核：王力平　记账：刘芬兰

付款人开户银行签章（中国工商银行南方市分行 2024.12.17 转账转讫）

付款人注意：
1. 根据支付结算办法，上列委托收款（托收承付）款项在付款期限内未提出拒付的，即视为同意付款，以此代付款通知。
2. 如需提出全部或部分拒付，应在规定期限内，将拒付理由书并附债务证明退交开户银行。

115

业务 49-2

原始凭证（付款通知） 5

委托号码：00870
委托日期：2024 年 12 月 17 日
付款期限 2024 年 12 月 20 日

业务类型	委托收款（□邮划、□电划）	托收承付（□邮划、□电划）		
付款人	全称：南方吉祥电器制造厂 账号：267506190241 地址：海南省南方市/县	收款人	全称：南方市住房公积金管理局 账号：134679466589 地址：海南省南方市/县	
汇出行名称	工行南方市分行	汇入行名称	工行南方市分行	

委收金额	人民币（大写）叁万贰仟玖佰肆拾元整	千百十万千百十元角分 ¥ 3 2 9 4 0 0 0

款项	住房公积金 32940 元	委托收款凭据名称	托收	附寄单证张数	壹张

商品发运情况：
合同名称号码：

备注：

付款人开户银行收到日期：
2024 年 12 月 17 日

复核：王力平　记账：刘芬兰

付款人开户银行签章
（中国工商银行南方市分行 2024.12.17 转账转讫）

付款人注意：
1. 根据支付结算办法，上列委托收款（托收承付）款项在付款期限内未提出拒付的，即视为同意付款，以此代付款通知。
2. 如需提出全部或部分拒付，应在规定期限内，将拒付理由书并附债务证明退交开户银行。

业务 50

借 款 单

借款单位：行政部门　　2024 年 12 月 18 日

借款事由：参加新技术研讨会

人民币（大写）：壹仟叁佰元整　　¥1300.00

现金付讫

备注：赴广州

单位负责人：王青　　借款人：王成

业务 47-51 解析

业务51

公司董事会：

　　我公司3年前售给河南无线电厂A产品，其所欠货款 *15000.00* 元至今未归还。根据《企业会计制度》的规定，应做坏账处理，请审核批准。

同意

公司董事长　王青

2024年12月18日

（南方吉祥电器制造厂 财务专用章）

南方吉祥电器制造厂

2024年12月18日

业务52-1

领 款 单

2024年12月18日　　　　　　　　　　　　　　　　　　　　单位：元

领款部门	王雅 等	领款事由	报销托儿费
姓名	金额	签字	备注
王雅	200.00	王雅	托儿费
张燕	200.00	张燕	托儿费
合　计	400.00	（现金付讫）	

部门负责人：代保珍　　　　审核：李文海　　　　制表人：周州

业务52-57 解析

业务 52-2

海南增值税普通发票					No 0045633	
机器编号：522177623467					开票日期：2024年12月18日	

购买方	名　　称：南方吉祥电器制造厂
	纳税人识别号：914601007674774536
	地　址、电　话：南方市海利路118号 0898-31586889
	开户行及账号：工行南方市分行 267506190241

密码区 （略）

货物或应税劳务、服务名称	规格型号	单位	数量	单价	金额	税率	税额
*托幼服务*托儿费			1	200	200	0%	0
合　计					¥200		0

价税合计（大写）　⊗贰佰元整　　　（小写）¥200.00

销售方	名　　称：南方市第一机关幼儿园
	纳税人识别号：914301007878277796
	地　址、电　话：南方市文昌路86号 0898-24289844
	开户行及账号：建行南方市文昌路支行 985632147123

备注：职工王雅的女儿的托儿费

收款人：吴奕艳　　复核：张强海　　开票人：刘海珊　　销售方：（章）

业务 52-3

海南增值税普通发票					No 0045634	
机器编号：523677658117					开票日期：2024年12月18日	

购买方	名　　称：南方吉祥电器制造厂
	纳税人识别号：914601007674774536
	地　址、电　话：南方市海利路118号 0898-31586889
	开户行及账号：工行南方市分行 267506190241

密码区 （略）

货物或应税劳务、服务名称	规格型号	单位	数量	单价	金额	税率	税额
*托幼服务*托儿费			1	200	200.00	0%	0
合　计					¥200.00		0

价税合计（大写）　⊗贰佰元整　　　（小写）¥200.00

销售方	名　　称：南方市第一机关幼儿园
	纳税人识别号：914301007878277796
	地　址、电　话：南方市文昌路86号 0898-24289844
	开户行及账号：建行南方市文昌路支行 985632147123

备注：职工张燕的儿子的托儿费

收款人：吴奕艳　　复核：张强海　　开票人：刘海珊　　销售方：（章）

业务 53-1

海南增值税专用发票
发票联

机器编号：531678782266
№ 0075913
开票日期：2024年12月19日

购买方	名　　称：南方吉祥电器制造厂 纳税人识别号：91460100767474536 地　址、电　话：南方市海利路 118 号 0898-31586889 开户行及账号：工行南方市分行 267506190241	密码区	（略）

货物或应税劳务、服务名称	规格型号	单位	数量	单价	金额	税率	税额
*电子设备*计算机	LX686	台	5	10000.00	50000.00	13%	6500.00
合　计					￥50000.00		￥6500.00

价税合计（大写）　⊗伍万陆仟伍佰元整　　　（小写）￥56500.00

销售方	名　　称：联想集团南方销售公司 纳税人识别号：918453852846574789 地　址、电　话：南方市新民路 88 号 0898-66984168 开户行及账号：工行南方市分行 461379136458	备注	（联想集团南方销售公司 918453852846574789 发票专用章）

收款人：孙朋红　　　复核：张平青　　　开票人：胡月龙　　　销售方：（章）

业务 53-2

中国工商银行　转账支票存根
00657861

附加信息 _____

出票日期　年　月　日
收款人：_____
金　额：_____
用　途：_____
单位主管　　　会计

中国工商银行 转账支票　　00657861

出票日期（大写）　年　月　日　付款行名称：_____
收款人：_____　　出票人账号：_____
人民币（大写）　　　亿 千 百 十 万 千 百 十 元 角 分

用途 _____
上列款项请从我账户内支付
出票人签章（南方吉祥电器制造厂 财务专用章）

密码 _____
行号 _____
复核（王青 印）　记账

业务 53-3

固定资产交付使用单

使用部门：行政部　　　　　　　　　　　　　　日期：2024年12月19日

设备名称	计算机	设备编号	CJ05-08
规格型号	联想686	原始价值	50000.00元
精密程度	一级	预计使用年限	5年
生产单位	联想集团	预计净残值	4%
出厂日期	2024年1月10日	交付使用日期	2024年12月9日
验收项目	验收记录		负责人
运转状态	良好		陈臣
精密测试	良好		陈臣
达产程度	良好		陈臣
环境监察	良好		林飞
综合意见	可以使用		林飞

验收人：张有宝　　　接受人：王峰　　　设备主管：黎明　　　财务主管：代保珍

业务 54-1

湖北增值税专用发票　　发票联　　№ 0045273

机器编号：541326783399　　开票日期：2024年12月19日

购买方	名　　称：南方吉祥电器制造厂 纳税人识别号：914601007674774536 地址、电话：南方市海利路118号 0898-31586889 开户行及账号：工行南方市分行 267506190241	密码区	（略）

货物或应税劳务、服务名称	规格型号	单位	数量	单价	金额	税率	税额
*塑料制品*乙材料	YCL258	千克	4000	11.00	44000.00	13%	5720.00
合　计					¥44000.00		¥5720.00

价税合计（大写）	⊗肆万玖仟柒佰贰拾元整　　　　（小写）¥49720.00

销售方	名　　称：武汉东伟金属材料有限公司 纳税人识别号：915223652643615975 地址、电话：武汉市和平路58号 027-54192683 开户行及账号：工行武汉市分行 641328179164	备注	（发票专用章）

收款人：陈秀柱　　　复核：张涛成　　　开票人：田浩楠　　　销售方：（章）

业务54-2

商业承兑汇票（存根）　　3　　IV3192979

签发日期：2024年12月19日　　第102号

付款人	全　称	南方吉祥电器制造厂	收款人	全　称	武汉东伟金属材料有限公司
	账　号	267506190241		账　号	641328179164
	开户银行	工行南方市分行		开户银行	工行武汉市分行

金额	人民币（大写）	肆万玖仟柒佰贰拾元整	亿 千 百 十 万 千 百 十 元 角 分
			￥ 　 　 　 4 9 7 2 0 0 0

汇票到期日	贰零贰伍年零陆月壹拾玖日	付款人开户行	行号地址	
交易合同号码				
备注：	不带息商业承兑汇票	负责人 孙州英	经办人 许强朝	

（财务专用章：南方吉祥电器制造厂）

业务54-3

材料验收单

供货单位：武汉东伟金属材料有限公司　　2024年12月19日

材料编号	材料名称	规格	单位	数量	单价/（元/千克）	金额/元	备注
JXDQ002	乙材料	YCL258	千克	4000	11	44000.00	商业承兑汇票

仓储主管：张有宝　　验收人：王峰　　采购主管：王赐中　　采购员：林超

业务55-1

中国工商银行
转账支票存根
00657862

附加信息 _____
_____
_____

出票日期　　年　月　日
收 款 人：
金　　额：
用　　途：
单位主管：　　　会计

中国工商银行 转账支票　　00657862

出票日期（大写）　　年　　月　　日　付款行名称：
收款人：　　　　　　　　　　　　　　出票人账号：

人民币（大写）	亿 千 百 十 万 千 百 十 元 角 分

用途 _____　　密码 _____
上列款项请从　　　　　　行号 _____
我账户内支付
出票人签章　　　　　复核 [印：王青]　记账

（财务专用章：南方吉祥电器制造厂）

127

业务 55-2

南方市慈善总会
收　据

收款日期：2024 年 12 月 19 日　　　　　　　　　　　　　　　　　　No.159763

今收到：南方吉祥电器制造厂	
交　来：捐赠款	
人民币（大写）叁仟元整　　　￥3000.00	
备注：	

第二联　捐款人收执

收款单位：南方市慈善总会　　　　收款人：田野秋　　　　经办人：李强娜

业务 56

2024 年 12 月 22 日 10 时 15 分
中国工商银行人民币计息通知单

南方支行　　　　　　　　　　　　　　　2024 年 12 月 22 日

单位账号：267506190241　　　　　单位名称：南方吉祥电器制造厂

　　应付利息：0.00　　　　　　　　　应收利息：112.48

摘要：计息期间　　　　　　　　　　　2024.9.21—2024.12.20

第3章 会计综合实训资料

业务57-1

托收凭证（付款通知） 5

委托号码：00871
委托日期：2024年12月22日
付款期限 2024年12月25日

业务类型	委托收款（□邮划、□电划）	托收承付（□邮划、□电划）
付款人 全称	南方吉祥电器制造厂	收款人 全称 中国电信股份有限公司南方市分公司
账号	267506190241	账号 513468729517
地址	海南省南方市/县	地址 海南省南方市/县
汇出行名称	工行南方市分行	汇入行名称 工行南方市分行

委收金额：人民币（大写）壹仟陆佰伍拾贰元壹角贰分　￥1 6 5 2 1 2

款项：电话费　委托收款凭据名称：托收　附寄单证张数：壹张

商品发运情况：　合同名称号码：

备注：
付款人开户银行收到日期：2024年12月22日

（中国工商银行南方市分行 2024.12.22 转账）

付款人注意：
1. 根据支付结算办法，上列委托收款（托收承付）款项在付款期限内未提出拒付的，即视为同意付款，以此代付款通知。
2. 如需提出全部或部分拒付，应在规定期限内，将拒付理由书并附债务证明退交开户银行。

复核：王二丹　记账：李四旭　付款人开户银行签章

此联付款人开户银行给付款人的付款通知

业务57-2

机器编号：572066782246

海南增值税专用发票 发票联

№ 0045552
开票日期：2024年12月20日

购买方	名　　称：南方吉祥电器制造厂
	纳税人识别号：914601007674774536
	地址、电话：南方市海利路118号 0898-31586889
	开户行及账号：工行南方市分行 267506190241

密码区（略）

货物或应税劳务、服务名称	规格型号	单位	数量	单价	金额	税率	税额
*通信服务*月基本费					20.00	9%	1.80
*通信服务*语音通信费					1203.96	9%	108.36
*通信服务*增值业务费					300.00	6%	18.00
合　计					1523.96		128.16

价税合计（大写）　⊗壹仟陆佰伍拾贰元壹角贰分　（小写）￥1652.12

销售方	名　　称：中国电信股份有限公司南方市总公司
	纳税人识别号：915681979123325751
	地址、电话：南方市琼海路212号 0898-66773196
	开户行及账号：中行南方市滨江路支行 513468729517

备注：（中国电信股份有限公司南方市总公司 发票专用章 915681979123325751）

收款人：吴思海　复核：李路东　开票人：李莹成　销售方：（章）

第三联 发票联 购买方记账凭证

业务58-1

广西增值税专用发票

机器编号：581766628689

№ 0065228

开票日期：2024年12月22日

| 购买方 | 名　　称：南方吉祥电器制造厂
纳税人识别号：914601007674774536
地址、电话：南方市海利路118号 0898-31586889
开户行及账号：工行南方市分行 267506190241 | 密码区 | （略） |

货物或应税劳务、服务名称	规格型号	单位	数量	单价	金额	税率	税额
*金属制品*甲材料	JCL369	千克	7000	13.00	91000.00	13%	11830.00
合　计					￥91000.00		￥11830.00

价税合计（大写）　⊗壹拾万贰仟捌佰叁拾元整　　（小写）￥102830.00

| 销售方 | 名　　称：南宁五交化工厂
纳税人识别号：912389567845951765
地址、电话：南宁市中山路69号 0771-46571392
开户行及账号：工行南宁市分行 357915976719 | 备注 | （南宁五交化工厂发票专用章） |

收款人：周秀顺　　复核：潘涛萍　　开票人：张浩轧　　销售方：（章）

业务58-2

中国工商银行　信汇凭证（回单）　　1

□普通　□加急　　委托日期 2024年12月22日

汇款人	全　称	南方吉祥电器制造厂	收款人	全　称	南宁五交化工厂
	账　号	267506190241		账　号	357915976719
	汇出地点	海南省南方市/县		汇入地点	广西省南宁市/县
	汇出行名称	工行南方市分行		汇入行名称	工行南宁市分行

| 金额 | 人民币（大写） | 壹拾万贰仟捌佰叁拾元整 | 千百十万千百十元角分
￥ 1 0 2 8 3 0 0 0 |

支付密码

附加信息及用途：购甲材料

（中国工商银行南方市分行 2024.12.22 转账转讫）

汇出行签章　　复核 张珍银　　记账 邢颜芳

业务58-3

材料验收单

供货单位：南宁五交化工厂　　　　　2024年12月22日　　　　　存放1号仓库

材料编号	材料名称	规　格	单　位	数　量	单价/(元/千克)	金额/元	备　注
JXQ001	甲材料	JCL369	千克	7000	13	91000.00	信汇

仓储主管：张有宝　　　验收人：王峰　　　采购主管：王赐中　　　采购员：林超

业务59

托收凭证（付款通知）　　5

委托号码：00872

委托日期：2024年12月22日　　　付款期限 2024年12月25日

业务类型	委托收款（□邮划、□电划）	托收承付（□邮划、□电划）	
付款人	全　称　南方吉祥电器制造厂 账　号　267506190241 地　址　海南省南方市/县	收款人	全　称　武汉机械制配厂 账　号　549731465274 地　址　海南省武汉市/县
汇出行名称	工行南方市分行	汇入行名称	工行武汉市分行

委收金额	人民币（大写）壹拾万元整	千百十万千百十元角分 ￥ 1 0 0 0 0 0 0 0

款项	付银行承兑汇票款	委托收款凭据名称	银行承兑汇票	附寄单证张数	壹张

商品发运情况		合同名称号码	

备注：

付款人开户行收到日期：
2024年12月22日

复核：王琴玉　记账：刘悦薇

付款人开户银行签章
（中国工商银行南方市分行 2024.12.22 转账）

付款人注意：
1. 根据支付结算办法，上列委托收款（托收承付）款项在付款期限内未提出拒付的，即视为同意付款，以此代付款通知。
2. 如需提出全部或部分拒付，应在规定期限内，将拒付理由书并附债务证明退交开户银行。

此联付款人开户银行给付款人的付款通知

业务 60-1

中国工商银行　信汇凭证（回单）　　1

委托日期 2024 年 12 月 23 日

□普通 □加急

汇款人	全　称	南方吉祥电器制造厂	收款人	全　称	长沙有色金属材料厂
	账　号	267506190241		账　号	564791376482
	汇出地点	海南省南方市/县		汇入地点	湖南省长沙市/县
	汇出行名称	工行南方市分行		汇入行名称	工行长沙市分行

金额　人民币（大写）叁万壹仟陆佰伍拾肆元捌角伍分

￥ 3 1 6 5 4 8 5（千百十万千百十元角分）

支付密码：

附加信息及用途：付货款

（中国工商银行南方市分行 2024.12.23 转账转讫）

汇出行签章　　复核 张珍银　　记账 邢颜万

此联是汇出行交给汇款人的回单

业务 60-2

收款收据

收款日期：2024 年 12 月 23 日　　　　　　　　　　　　　　No.335408

今收到：南方吉祥电器制造厂

交　来：归还前欠货款（通过银行信汇结算方式）

人民币（大写）叁万壹仟陆佰伍拾肆元捌角伍分　　￥31654.85

备注：银行收讫

（长沙有色金属材料厂 财务专用章）

收款单位：长沙有色金属材料厂　　收款人：周州　　经办人：元业

业务 61-1

海南增值税专用发票 　　　　　　　　　№ 0045552

机器编号：611786792466　　　　　　　开票日期：2024年12月23日

购买方	名　　称：南方吉祥电器制造厂 纳税人识别号：914601007674774536 地　址、电　话：南方市海利路118号 0898-31586889 开户行及账号：工行南方市分行 267506190241	密码区 （略）

货物或应税劳务、服务名称	规格型号	单位	数量	单价	金额	税率	税额
*文化用品*文件柜		个	4	340	1360	13%	176.80
合　　计					¥1360	13%	¥176.80

价税合计（大写）　⊗壹仟伍佰叁拾陆元捌角整　　　　（小写）¥1536.80

销售方	名　　称：南方明创文具用品有限公司 纳税人识别号：912581158667132757 地　址、电　话：南方市琼海路26号 0898-965874123 开户行及账号：中行南方市琼海路支行 654987321566

收款人：赵武嘉　　复核：李贻科　　开票人：李莹技　　销售方：（章）

业务 61-2

中国工商银行 转账支票存根　00657863

附加信息 _____

出票日期　年　月　日
收　款　人：
金　　额：
用　　途：
单位主管　　会计

中国工商银行 转账支票　00657863

出票日期（大写）　年　月　日　付款行名称：
收款人：　　　　　　　　　　　　出票人账号：
人民币（大写）　　　　　　　亿千百十万千百十元角分

用途 _____　　密码 _____
上列款项请从我账户内支付　　行号 _____
出票人签章　　　　　　　　复核　　　记账

业务 61-3

材料验收单

供货单位：南方明创文具用品有限公司　　2024 年 12 月 23 日　　存放 3 号仓库

材料编号	材料名称	规　格	单　位	数　量	单价/ （元/个）	金额/元	备　注
JXDQ007	文件柜	WQG075	个	4	340	1360.00	转账支票

仓储主管：张有宝　　　　验收人：王峰　　　　采购主管：王赐中　　　　采购员：林超

业务 61-4

低值易耗品摊销分配表
2024 年 12 月 23 日

项　目	摊销时间	摊销金额/元	备　注
低值易耗品摊销	2024 年 12 月	680.00	五五摊销法
合　计		680.00	

单位：南方吉祥电器制造厂　　　财务科长：代保珍　　　制表人：杨明

业务 62-1

固定资产交付使用单

使用部门：一车间　　日期：2024 年 12 月 23 日

设备名称	计算机	设备编号	GF5387607
规格型号	FDG33426	原始价值	4000.00 元
精密程度	较高	预计使用年限	5 年
生产单位	联想集团	预计净残值	4%
出厂日期	2023 年 1 月 20 日	交付使用日期	2024 年 12 月 23 日
验收项目	验收记录		负责人
运转状态	良好		王峰
精密测试	良好		王峰
达产程度	良好		王峰
环境监察	良好		宋荣
综合意见	可以使用		宋荣

仓储主管：张有宝　　验收人：王峰　　设备主管：黎明　　财务主管：代保珍

业务 62-2

海南省增值税专用发票
发票联

机器编号：622177698286
№ 2085916
开票日期：2024年12月23日

购货单位		
名　　　称：	南方吉祥电器制造厂	
纳税人识别号：	914601007674774536	
地　址、电话：	南方市海利路118号 0898-31586889	
开户行及账号：	工行南方市分行 267506190241	

密码区：（略）

货物或应税劳务、服务名称	规格型号	单位	数量	单价	金额	税率	税额
*电子设备*计算机		台	1	3600.00	3600.00	13%	468.00
合　计					¥3600.00		¥468.00

价税合计（大写）：⊗肆仟零陆拾捌元整　　（小写）¥4068.00

销货单位		
名　　　称：	南方华丰电子有限公司	
纳税人识别号：	912658659821576259	
地　址、电话：	南方市万全路26号 0898-56217989	
开户行及账号：	工行南方市分行 154952369547	

备注：捐赠
（南方华丰电子有限公司 912658659821576259 发票专用章）

业务 63-1

送货单

收货单位：南方第二拉丝厂
2024年12月24日
第102号

货号	品名	单位	数量	单价/（元/件）	金额/元	备注
	M自制半成品	件	700	30.20	21140.00	转账支票

第三联　送货回执

发货单位：南方吉祥电器制造厂　　批准人：黄力佳　　经手人：林超

业务 63-67 解析

业务 63-2

中国工商银行 转账支票存根
00657864

附加信息 _____
_____

出票日期　年　月　日
收款人：
金　额：
用　途：
单位主管　　　会计

中国工商银行 转账支票　　00657864

出票日期（大写）　　年　月　日　付款行名称：_____
收款人：_____　　出票人账号：_____
人民币
（大写）　　亿千百十万千百十元角分

用途 _____　　密码 _____
上列款项请从　　　　　　　行号 _____
我账户内支付
出票人签章（南方吉祥电器制造厂 财务专用章）　　复核（印 王青）　记账

业务 63-3

机器编号：633177862466

海南增值税专用发票　　№ 0036485
开票日期：2024年12月22日

购买方	名　称：南方吉祥电器制造厂 纳税人识别号：914601007674774536 地　址、电　话：南方市海利路118号 0898-31586889 开户行及账号：工行南方市分行 267506190241	密码区	（略）

货物或应税劳务、服务名称	规格型号	单位	数量	单价	金额	税率	税额
*委托业务*加工费		批	1	2100.00	2100.00	13%	273.00
合　计					￥2100.00		￥273.00

价税合计（大写）　⊗贰仟叁佰柒拾叁元整　　（小写）￥2373.00

| 销售方 | 名　称：南方第二拉丝厂
纳税人识别号：915623895678459517
地　址、电　话：南方市海景路79号 0898-65134857
开户行及账号：工行南方市分行 651289453571 | 备注 | （南方第二拉丝厂 915623895678459517 发票专用章） |

收款人：金志正　　复核：洪祥军　　开票人：胡奇娅　　销售方：（章）

业务 64-1

海南增值税专用发票 No 0045684

机器编号：641077782469
开票日期：2024年12月24日

购买方	名　　　称：南方吉祥电器制造厂 纳税人识别号：914601007674774536 地　址、电　话：南方市海利路 118 号 0898-31586889 开户行及账号：工行南方市分行 267506190241	密码区	（略）

货物或应税劳务、服务名称	规格型号	单位	数量	单价	金额	税率	税额
*建筑服务*仓库工程			1	12600.00	12600.00	9%	1134.00
合　计					¥12600.00		¥1134.00

价税合计（大写）　⊗壹万叁仟柒佰叁拾肆元整　（小写）¥13734.00

销售方	名　　　称：南方伟信建筑工程有限公司 纳税人识别号：91654321987289734 地　址、电　话：南方市西沙路 132 号 0898-65493218 开户行及账号：工行南方市西沙路支行 622202229654	备注	（南方伟信建筑工程有限公司发票专用章）

收款人：林金玲　　复核：李明涛　　开票人：王清金　　销售方：（章）

业务 64-2

中国工商银行 转账支票存根 00657865

附加信息 _____

出票日期　年　月　日
收款人：
金　额：
用　途：
单位主管　　　会计

中国工商银行 转账支票　00657865

出票日期（大写）　年　月　日　付款行名称：
收款人：　　　　　　　　　　　出票人账号：

人民币（大写）　| 亿 | 千 | 百 | 十 | 万 | 千 | 百 | 十 | 元 | 角 | 分 |

用途 _____　密码 _____
上列款项请从　　　　　　　行号 _____
我账户内支付
出票人签章（南方吉祥电器制造厂财务专用章）　复核（王青）　记账

业务 65

长期借款计息单
2024 年 12 月 24 日

项 目	用 途	金额 / 元	年利息率	利息/元
长期借款	二车间仓库建造	1200000.00	10%	120000.00
合 计				

单位：南方吉祥电器制造厂　　　　财务科长：代保珍　　　　制表人：杨明

业务 66-1

产品销售单
2024 年 12 月 24 日

购货单位	南昌机电厂			车 号	琼 AL3146
产品名称	规格	单位	计划数	单价/(元/件)	金额/元
A 产品	ACP001	件	700		
备注	银行承兑汇票				

销售单位：南方吉祥电器制造厂　　　　财务科长：代保珍　　　　制表人：杨明

业务 66-2

机器编号：662766187749

海南增值税专用发票
此联不作报销 扣税凭证使用

№ 237572
开票日期：2024年12月24日

购买方
名　　称：南昌机电厂
纳税人识别号：916523561241751488
地址、电话：南昌市象山路 956 号 0790-65412301
开户行及账号：工行南昌市分行 249658713648

密码区：（略）

货物或应税劳务、服务名称	规格型号	单位	数量	单价	金额	税率	税额
*金属制品*A 产品	ACP001	件	700	200.00	140000.00	13%	18200.00
合　计					￥140000.00		￥18200.00

价税合计（大写）　⊗壹拾伍万捌仟贰佰元整　　（小写）￥158200.00

销售方
名　　称：南方吉祥电器制造厂
纳税人识别号：914601007674774536
地址、电话：南方市海利路 118 号 0898-31586899
开户行及账号：工行南方市分行 267506190241

收款人：周州　　复核：李民　　开票人：李文海　　销售方：（章）

业务 66-3

银行承兑汇票

出票日期（大写）：贰零贰肆年壹拾贰月贰拾肆日

出票人	全称	南昌机电厂	收款人	全称	南方吉祥电器制造厂
	账号	249658713648		账号	267506190241
	开户银行	工行南昌市分行		开户银行	工行南方市分行

出票金额	人民币（大写）	壹拾陆万叁仟贰佰元整	￥163200.00

汇票到期日（大写）	贰零贰伍年零陆月贰拾肆日	付款行	行号	684217951436587
承兑协议编号			地址	江西省南昌市富强路99号

本汇票请你行承兑，到期无条件付款。
出票人签章：南昌机电厂财务专用章

汇票已经承兑，到期日由本行付款
承兑行签章：中国工商银行南昌市分行 2024.12.24 转账
承兑日期：2024年12月24日

密押：
复核：钱安
记账：邱华

此联收款人开户行随托收凭证寄付款行作借方凭证附件

业务 66-4

代垫运费证明单

日期：2024 年 12 月 24 日

购货单位	南昌机电厂	发往地点	江西省南昌市
货物名称	A 产品	货物数量	700 件
运费金额	大写：伍仟元整	￥5000.00	
运输方式及票号	公路		
委托运货单位	南方吉祥电器制造厂		

部门负责人：彭智　　　　　经手人：毛业　　　　　制表人：李民

业务 66-5

海南增值税专用发票 发票联

№ 0065241
开票日期：2024年12月24日

机器编号：665782864379

购买方	名　称：南昌机电厂
	纳税人识别号：916523561241751488
	地　址、电　话：江西省南昌市共和路956号 0790-65412301
	开户行及账号：工行南昌市分行 249658713648

密码区：（略）

货物或应税劳务、服务名称	规格型号	单位	数量	单价	金额	税率	税额
*货物运输*运费					4587.16	9%	412.84
合　计					￥4587.16		￥412.84

价税合计（大写）　⊗伍仟元整　（小写）￥5000.00

销售方	名　称：南方市万全物流有限公司
	纳税人识别号：916221305217453652
	地　址、电　话：南方市滨海路28号 0898-5230213
	开户行及账号：中行南方市滨海路支行 622052143624

备注：南方市—山西太原市　车号：*A62962　货物：A产品

收款人：赵光婷　　复核：张友锦　　开票人：王索云　　销售方：（章）

业务 66-6

中国工商银行 转账支票存根
00657866

附加信息＿＿＿＿＿＿＿＿＿＿
＿＿＿＿＿＿＿＿＿＿＿＿＿＿
＿＿＿＿＿＿＿＿＿＿＿＿＿＿

出票日期　　年　月　日
收款人：
金　额：
用　途：
单位主管　　　会计

中国工商银行 转账支票　00657866

出票日期（大写）　　年　月　日　　付款行名称：＿＿＿＿
收款人：＿＿＿＿＿＿＿　　　　　　出票人账号：＿＿＿＿

人民币（大写）

亿	千	百	十	万	千	百	十	元	角	分

用途＿＿＿＿＿＿＿＿　　　密码＿＿＿＿＿＿＿＿
上列款项请从　　　　　　　行号＿＿＿＿＿＿＿＿
我账户内支付
出票人签章　　　　　　　　复核　　　记账

业务 67-1

证 明

南方琼洲贸易有限公司借包装物铁盒 48 个，现逾期未还，根据合同规定，没收其押金 13161.60 元。

南方吉祥电器制造厂 3 号仓库
2024 年 12 月 25 日

业务 67-2

海南增值税专用发票

此联不作报销、抵扣税凭证使用

机器编号：672014658868
No 234572
开票日期：2024年12月25日

购买方
名　　称：南方琼洲贸易有限公司
纳税人识别号：914601007674715632
地　址、电　话：南方市福新路 21 号 0898-6229740
开户行及账号：建行南方市分行 621945567981

密码区：（略）

货物或应税劳务、服务名称	规格型号	单位	数量	单价	金额	税率	税额
*金属制品*铁盒	TH104	个	48	242.65	11647.43	13%	1514.17
合　计					￥11647.43		￥1514.17

价税合计（大写）　⊗壹万叁仟壹佰陆拾壹元陆角整　（小写）￥13161.60

销售方
名　　称：南方吉祥电器制造厂
纳税人识别号：914601007674774536
地　址、电　话：南方市海利路 118 号 0898-31586889
开户行及账号：工行南方市分行 267506190241

备注：（南方吉祥电器制造厂发票专用章 914601007674774536）

收款人：周州　　复核：李民　　开票人：李文海　　销售方：（章）

第一联 记账联 销售方记账凭证

业务 67-3

领 料 单 （记账联）

领料部门：南方琼洲贸易有限公司　　开单日期 2024 年 12 月 25 日　　编号：8036
发料仓库：3 号仓库　　　　　　　　发料日期 2024 年 12 月 25 日　　限 10 天有效

货物用途	材料名称	型号规格	单位	数量 请领	数量 实领	单价/(元/个)	金额/元
出售	铁盒	TH104	个	48	48	130.00	6240.00
领料根据及用途：以上材料按实际成本核算，出售铁盒。								

发料主管：张有宝　　发料人：申兰　　领料主管：黄力佳　　领料人：刘强

业务 68

领 料 单 （记账联）

领料部门：科技办公室　　开单日期 2024 年 12 月 25 日　　编号：8037
发料仓库：1 号仓库　　　　发料日期 2024 年 12 月 25 日　　限 10 天有效

货物用途	材料名称	型号规格	单位	数量 请领	数量 实领	单价/(元/千克)	金额/元
科技耗用	甲材料	JCL369	千克	50	50	11	550.00
领料根据及用途：以上材料按计划成本核算，科技耗用。								

发料主管：张有宝　　发料人：申兰　　领料主管：黄力佳　　领料人：张晓丽

业务 69

中国工商银行 现金支票存根
006754856

附加信息 _____
_____

出票日期　　年　月　日
收　款　人：
金　　额：
用　　途：
单位主管　　　　会计

中国工商银行 现金支票　　006754856

出票日期（大写）　　年　　月　　日　付款行名称：
收款人：　　　　　　　　　　　　　　　出票人账号：

人民币（大写）	亿	千	百	十	万	千	百	十	元	角	分

用途 _____　　　　　　　密码 _____
上列款项请从　　　　　　　　　行号 _____
我账户内支付
出票人签章　　　　　　　　　　复核　　记账

业务 70-1

汇付款通知单

收款单位	南方市交通运输管理局		
汇入银行及账号	工行南方市分行 356896542587		
汇付金额	¥800.00		
汇款方式	转账支票	要求汇出时间	2024年12月25日
汇款原因	支付运输管理费		
汇款通知人	南方吉祥电器制造厂	部门负责人	叶权豪
通知日期 2024 年 12 月 25 日		财务签收 代保珍	

业务 70-2

行政事业性收费专业收据
2024 年 12 月 25 日

付款单位	南方吉祥电器制造厂	收费许可证	698124323598								
				金额							
付款项目	运输管理费	付款方式	百	十万	千	百	十	元	角	分
收费依据及标准	琼交〔2024〕12号文件	转账				8	0	0	0	0
		现金								
		其他								
		合计			¥	8	0	0	0	0
总金额（人民币大写） 捌佰元整											

业务 70-3

中国工商银行 转账支票存根 00657867	中国工商银行 转账支票　　　00657867
附加信息 _____ _____ 出票日期　年　月　日 收 款 人： 金　　额： 用　　途： 单位主管　　　会计	出票日期（大写）　　年　月　日　付款行名称：_____ 收款人：_____　出票人账号：_____ 人民币 （大写）　亿千百十万千百十元角分 用途 _____　密码 _____ 上列款项请从　　　　　　　行号 _____ 我账户内支付 出票人签章（南方吉祥电器制造厂 财务专用章）　复核 印　记账 王青

业务 71-1

汇付款通知单

收款单位	上海恒强建筑工程集团		
汇入银行及账号	工行上海市分行 6541928 72576		
汇付金额	¥54500.00		
汇款方式	电汇	要求汇出时间	2024 年 12 月 26 日
汇款原因	支付二车间仓库工程款		
汇款通知人	江圆维	部门负责人	叶权豪
通知日期 2024 年 12 月 26 日		财务签收：代保珍	

业务 71-2

中国工商银行　电汇凭证　（回单）　4

委托日期 2024 年 12 月 26 日

□普通　□加急

汇款人	全称	南方吉祥电器制造厂	收款人	全称	上海恒强建筑工程集团
	账号	267506190241		账号	654192872576
	汇出地点	海南省南方市/县		汇入地点	省上海市/县
	汇出行名称	工行南方市分行		汇入行名称	工行上海市分行

金额　人民币（大写）　伍万肆仟伍佰元整　￥54500.00

支付密码

附加信息及用途：

汇款人开户银行签章　　复核 刘云志　　记账 鲁明平

第3章 会计综合实训资料

业务 71-3

机器编号：713621768849			上海增值税专用发票 发票联					№ 0045685 开票日期：2024年12月26日	
购买方	名　　称：南方吉祥电器制造厂 纳税人识别号：914601007674774536 地　址、电话：南方市海利路118号 0898-31586889 开户行及账号：工行南方市分行 267506190241						密码区	（略）	
货物或应税劳务、服务名称	规格型号	单位	数量	单价		金额	税率	税额	
*建筑服务*仓库工程						50000.00	9%	4500.00	
合　计						￥50000.00		￥4500.00	
价税合计（大写）	⊗伍万肆仟伍佰元整					（小写）￥54500.00			
销售方	名　　称：上海恒强建筑工程集团 纳税人识别号：912789453345267208 地　址、电话：上海市普陀区白云路132号 021-65493218 开户行及账号：工行上海市白云路支行 622202229612						备注	（发票专用章）	

收款人：林一霜　　复核：王庆云　　开票人：许允茵　　销售方：（章）

业务 72-1

中国工商银行 现金支票存根 006754857	中国工商银行 现金支票　　006754857
附加信息 _____ _____ 出票日期　年　月　日 收款人： 金　额： 用　途： 单位主管　　会计	出票日期（大写）　　年　月　日　付款行名称： 收款人：　　　　　　　　　　出票人账号： 人民币（大写）　　亿千百十万千百十元角分 用途 _____　　　　密码 _____ 上列款项请从　　　　　　　行号 _____ 我账户内支付 出票人签章（南方吉祥电器制造厂财务专用章）　复核（印）　记账

业务 72-2

2024 年职工困难补助发放表

企业名称：南方吉祥电器制造厂

姓　名	补助金额/元	签　名	姓名	补助金额/元	签　名
刘一草	300.00	刘一草			
伍绿	300.00	伍绿			
李在友	300.00	李在友			
张家中	300.00	张家中			
肖珊	300.00	肖珊			
合计	1500.00				

审批人：王青　　　　　　　财务科长：代保珍　　　　　　　制表人：杨明

业务 73-1

产品销售单

2024 年 12 月 26 日

购货单位	南方意美实业有限公司			车号	琼 AD6247
产品名称	规格	单位	计划数	单价/(元/件)	金额/元
B 产品	BCP002	件	100		
备注	转账支票				

销货单位：南方吉祥电器制造厂　　　　财务科长：代保珍　　　　　制表人：杨明

业务 73-2

海南增值税专用发票

此联不作报销、扣税凭证使用

机器编号：732677498868　　　　　　　　　　　　№ 234573

开票日期：2024年12月26日

购买方	名　称：南方意美实业有限公司　　　　　　　　　　　　　　　　　密码区（略）
	纳税人识别号：918899154961787722
	地　址、电　话：南方市福开路 1025 号 0898-62156197
	开户行及账号：建行南方市分行 651834576252

货物或应税劳务、服务名称	规格型号	单位	数量	单价	金额	税率	税额
金属制品 B 产品	BCP002	件	100	180.00	18000.00	13%	2340.00
合　计					￥18000.00	13%	￥2340.00

价税合计（大写）　⊗贰万零叁佰肆拾元整　　　　　　（小写）￥20340.00

销售方	名　称：南方吉祥电器制造厂
	纳税人识别号：914601007674774536
	地　址、电　话：南方市海利路 118 号 0898-31586889
	开户行及账号：工行南方市分行 267506190241

收款人：周州　　复核：李民　　开票人：李文海　　销售方：(章)

第一联 记账联 销售方记账凭证

业务 73-3

中国工商银行 进账单（收账通知） 3
委托日期 2024 年 12 月 26 日

出票人	全称	南方意美实业有限公司	收款人	全称	南方吉祥电器制造厂
	账号	651834576252		账号	267506190241
	开户银行	建行南方市分行		开户银行	工行南方市分行

金额	人民币（大写）	贰万零叁佰肆拾元整	亿 千 百 十 万 千 百 十 元 角 分
			￥ 2 0 3 4 0 0 0

票据种类	转账支票	票据张数	壹张
票据号码	CZZP2019120122045		

备注：
销售 B 产品货款

复核 谢成倩　　记账 徐学囡　　收款人开户银行签章

（中国工商银行南方市分行 2024.12.26 转账）

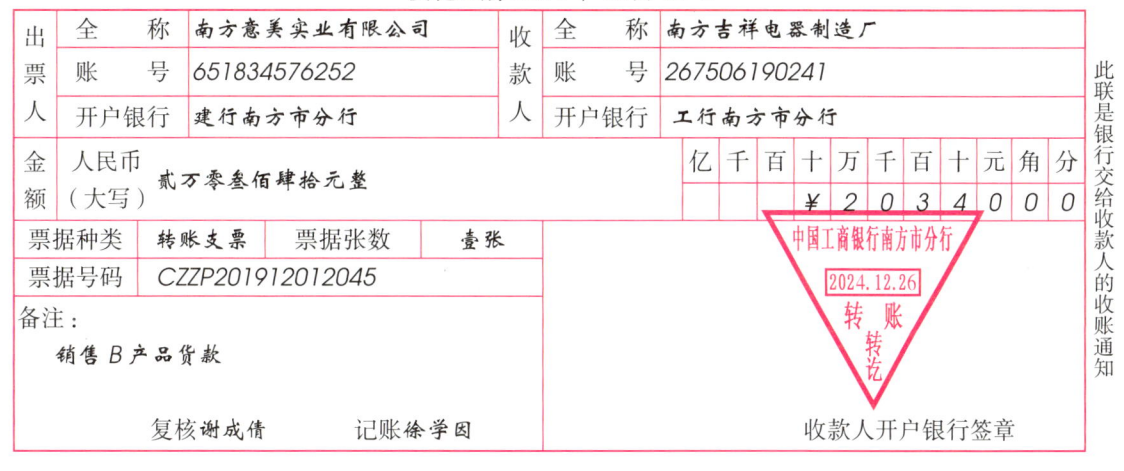

业务 74-1

山东增值税专用发票
发票联

机器编号：741266768299　　　　　　　　　　　　　　№ 0045626
　　　　　　　　　　　　　　　　　　　　　　开票日期：2024年12月24日

购买方	名　称	南方吉祥电器制造厂	密码区	（略）
	纳税人识别号	914601007674774536		
	地　址、电　话	南方市海利路 118 号 0898-31586889		
	开户行及账号	工行南方市分行 267506190241		

货物或应税劳务、服务名称	规格型号	单位	数量	单价	金额	税率	税额
*塑料制品*乙材料	YCL258	千克	2500	10.00	25000.00	13%	3250.00
合　计					￥25000.00		￥3250.00

价税合计（大写）	⊗ 贰万捌仟贰佰伍拾元整	（小写）￥28250.00

销售方	名　称	青岛电气配件公司	备注	（青岛电气配件公司 发票专用章 91231256780695823）
	纳税人识别号	912312567806956823		
	地　址、电　话	青岛市海秀路 68 号 0532-65134799		
	开户行及账号	工行青岛市分行 861213453571		

收款人：杨业彤　　复核：吴友潇　　开票人：张建清　　销售方：（章）

业务 74-2

材料验收单

供货单位：青岛电气配件公司　　2024年12月24日　　存放2号仓库

材料编号	材料名称	规　格	单　位	数　量	单价/(元/千克)	金额/元	备　注
JXDQ002	乙材料	YCL258	千克	2500	10	25000.00	信汇

仓储主管：张有宝　　验收人：王峰　　采购主管：王赐中　　采购员：林超

业务 74-3

中国工商银行　信汇凭证　（回单）　1

□普通　□加急　　委托日期 2024 年 12 月 26 日

汇款人	全　称	南方吉祥电器制造厂	收款人	全　称	青岛电气配件公司
	账　号	267506190241		账　号	861213453571
	汇出地点	海南省南方市/县		汇入地点	山东省青岛市/县
	汇出行名称	工行南方市分行		汇入行名称	工行青岛市分行

金额　人民币（大写）　贰万捌仟贰佰伍拾元整　　￥2825000

支付密码　　附加信息及用途：购乙材料

（中国工商银行南方市分行 2024.12.26 转账）

汇款人开户银行　　复核 张珍丽　　记账 邢颜娟

此联是汇出行给汇款人的回单

业务 75-1

海南增值税普通发票　　No 0089653　　开票日期：2024年12月29日

机器编号：751677248769

购买方	名　称：南方吉祥电器制造厂
	纳税人识别号：914601007674771536
	地　址、电　话：南方市海利路118号0898-31586889
	开户行及账号：工行南方市分行267506190241

密码区　（略）

货物或应税劳务、服务名称	规格型号	单位	数量	单价	金额	税率	税额
*货物运输*运费					873.79	3%	26.21
合　计					¥873.79		¥26.21

价税合计（大写）　㊉玖佰元整　　（小写）¥900.00

销售方	名　称：南方顺通运输有限公司
	纳税人识别号：915621345214795331
	地　址、电　话：南方市五指山路21号0898-39856214
	开户行及账号：农行南方市分行965852146211

南方市—南方□□□□有限公司
车号：*C95656
货物：丁材料
（发票专用章 915621345214795331）

收款人：吴光文　　复核：李友丽　　开票人：张索虎　　销售发：（章）

第三联 发票联 购买方记账凭证

业务 75-2

中国工商银行 转账支票存根 00657868	中国工商银行 转账支票　　　　00657868
附加信息 _____ _____ 出票日期　　年　月　日 收 款 人： 金　　额： 用　　途： 单位主管　　　会计	出票日期（大写）　　年　月　日　付款行名称： 收款人：　　　　　　　　　　　出票人账号： 人民币 （大写）　　　　　　　　亿千百十万千百十元角分 用途 _____ 上列款项请从　　　　　　　　密码 _____ 我账户内支付　　　　　　　　行号 _____ 出票人签章　　　　　　　　　复核　　　记账

业务 75-3

材料验收单

供货单位：南方第二拉丝厂　　　2024年12月29日　　存放3号仓库　　第 102 号

货 号	品 名	单 位	数 量	单价/(元/件)	金额/元	备 注
JXDQ003	丁材料	件	500	48.28	24140.00	委托加工

第三联 交会计

仓储主管：张有宝　　　验收人：王峰　　　采购主管：王赐中　　　采购员：林超

业务 76

领 料 单（记账联）

领料部门：二车间　　开单日期 2024年12月29日　　　　　　编号：8038
发料仓库：3号仓库　　发料日期 2024年12月29日　　　　　　限10天有效

货物用途	材料名称	型号规格	单位	数量 请领	数量 实领	单价/(元/件)	金额/元
C产品耗用	丁材料	DCL147	件	500	500	48.28	24140.00

领料根据及用途：丁材料按实际成本核算，C产品耗用。

发料主管：张有宝　　发料人：申兰　　领料主管：黄力佳　　领料人：刘强

第3章 会计综合实训资料

业务 77-1

托收凭证（付款通知） 5

委托号码：00856

委托日期：2024年12月29日　　付款期限 2024年12月31日

业务类型	委托收款（□邮划、□电划）	托收承付（□邮划、□电划）		
付款人	全称	南方吉祥电器制造厂	收款人	全称	南方市供电局
	账号	267506190241		账号	615879415463
	地址	海南省南方市/县		地址	海南省南方市/县
汇出行名称	工行南方市分行		汇入行名称	工行南方市分行	

委收金额	人民币（大写）肆万伍仟贰佰元整	千	百	十	万	千	百	十	元	角	分
				¥	4	5	2	0	0	0	0

款项	电费	委托收款凭据名称	托收	附寄单证张数	壹张

商品发运情况		合同名称号码	

备注：

（印章：中国工商银行南方市分行 2024.12.29 转账 转讫）

付款人开户行收到日期：
2024年12月29日

复核：黄雄兵　　记账：金芳江

付款人注意：
1. 根据支付结算办法，上列委托收款（托收承付）款项在付款期限内未提出拒付的，即视为同意付款，以此代付款通知。
2. 如需提出全部或部分拒付，应在规定期限内，将拒付理由书并附债务证明退交开户银行。

付款人开户银行签章

此联付款人开户银行给付款人的付款通知

业务 77-2

海南增值税专用发票　　No 0012358

（印章：全国统一发票监制章 税务局发票专用章）

机器编号：772982675678

开票日期：2024年12月29日

购买方	名　　称：南方吉祥电器制造厂
	纳税人识别号：914601007674774536
	地　址、电　话：南方市海利路118号 0898-31586889
	开户行及账号：工行南方市分行 267506190241

密码区　（略）

货物或应税劳务、服务名称	规格型号	单位	数量	单价	金额	税率	税额
*电力产品*电费			50000	0.8	40000.00	13%	5200.00
合　计					¥40000.00		¥5200.00

价税合计（大写）	⊗肆万伍仟贰佰元整	（小写）¥45200.00

销售方	名　　称：南方市供电局
	纳税人识别号：915723658642364668
	地　址、电　话：南方市沙玉路75号 0898-64238745
	开户行及账号：工行南方市分行 615879415463

备注：（印章：南方市供电局 915723658642364668 发票专用章）

收款人：孙朋德　　复核：张平琼　　开票人：胡月忠　　销售方：（章）

第三联 发票联 购买方记账凭证

业务 77-3

南方市供电局电费
收　据
2024 年 12 月 29 日

户名：南方吉祥电器制造厂						
注册号 673	编号 59	指数 54793	用电度数 50000	金额/元 45200.00	地址 海利路118号	备注 委托收款

合计（大写）肆万伍仟贰佰元整

业务 78-1

托收凭证（付款通知）　　5

委托号码：00857

委托日期：2024 年 12 月 29 日　　付款期限 2024 年 12 月 31 日

业务类型	委托收款（□邮划、□电划）		托收承付（□邮划、□电划）										
付款人	全称	南方吉祥电器制造厂	收款人	全称	南方市自来水公司								
	账号	267506190241		账号	615179435493								
	地址	海南省南方市/县		地址	海南省南方市/县								
汇出行名称	工行南方市分行		汇入行名称	工行南方市分行									
委收金额	人民币（大写）壹仟玖佰柒拾陆元陆角玖分				千	百	十	万	千	百	十	元	角	分
								￥	1	9	7	6	6	9
款项	水费	委托收款凭据名称	托收	附寄单证张数	壹张								
商品发运情况		合同名称号码											

备注：

付款人注意：
1. 根据支付结算办法，上列委托收款（托收承付）款项在付款期限内未提出拒付的，即视为同意付款，以此代付款通知。
2. 如需提出全部或部分拒付，应在规定期限内，将拒付理由书并附债务证明退交开户银行。

付款人开户行收到日期：
2024 年 12 月 29 日
复核：陈守才　记账：于芳琼

付款人开户银行签章
（中国工商银行南方市分行 2024.12.29 转账）

此联付款人开户银行给付款人的付款通知

业务 78-2

机器编号：782966768966		海南增值税专用发票 发票联					№ 0078938 开票日期：2024年12月29日		

购买方	名　　　　称：南方吉祥电器制造厂 纳税人识别号：914601007674774536 地　址、电　话：南方市海利路 118 号 0898-31586889 开户行及账号：工行南方市分行 267506190241	密码区	（略）

货物或应税劳务、服务名称	规格型号	单位	数量	单价	金额	税率	税额
*自来水*水费			9067.40	0.2	1813.48	9%	163.21
合　计					￥1813.48		￥163.21

价税合计（大写）	⊗壹仟玖佰柒拾陆元陆角玖分	（小写）￥1976.69

销售方	名　　　　称：南方市自来水公司 纳税人识别号：916423652542124695 地　址、电　话：南方市沙玉路 99 号 0898-65476821 开户行及账号：工行南方市分行 615179435493	备注	（章：南方市自来水公司 916423652542124695 发票专用章）

收款人：郭建媛　　复核：张发莉　　开票人：吴荣绍　　销售方：（章）

业务 78-3

南方市自来水公司水费
收　据
2024 年 12 月 29 日

户名：南方吉祥电器制造厂						
注册号	编号	指数	用水吨数	金额/元	地址	备注
328	5	40981	9067.40	1976.69	海利路 118 号	委托收款
合计（大写）壹仟玖佰柒拾陆元陆角玖分						

业务 79

固定资产折旧汇总表

企业名称：南方吉祥电器制造厂　　2024年12月29日　　　　　　　　　　　　元

部　门	计提基数	计提比例/%	金　额
一车间——房屋及建筑物		2.67	
一车间——机器设备		2.67	
二车间——房屋及建筑物		2.67	
二车间——机器设备		2.67	
机修车间——房屋及建筑物		2.67	
机修车间——机器设备		2.67	
行政部门——房屋及建筑物		2.67	
合　计		2.67	97299.97

财务科长：代保珍　　　　　审核：李文海　　　　　制表人：杨明

业务 80

短期借款计息单

企业名称：南方吉祥电器制造厂　　2024年12月29日

项　目	用　途	金额/元	年利息率	利息/元
短期借款	临时周转	38000.00	6%	190.00
合　计		38000.00	6%	¥190.00

财务科长：代保珍　　　　　审核：李文海　　　　　制表人：杨明

业务 81

无形资产摊销分配表

企业名称：南方吉祥电器制造厂　　2024年12月29日

项　目	摊销时间	摊销金额/元	备　注
专利权	12月份	1000.00	行政部门（按10年摊销）
合计	12月份	¥1000.00	

财务科长：代保珍　　　　　审核：李文海　　　　　制表人：杨明

业务 79-83 解析

业务82

差旅费报销单

单位名称：机修车间　　出差起止日期由 2024 年 12 月 22 日至 2024 年 12 月 24 日　　金额单位：元

出差人姓名：李羽				出差地点：万宁			出差天数：3		事由：购材料
飞机车船及住宿	种类	票据张数	金额	出差补助费	出差地点	天数	标准	金额	报销结算情况
	火车票				万宁	3	50	150.00	原出差借款 0 元，
	市内汽车费	10	15.60						报销 425.60 元，补
	住宿费	1	100.00						0 元，退还 0 元。
	其他车补								
	长途汽车费	2	160.00						说明
	小　计		275.60						审批人　支领人
合计金额	大写：肆佰贰拾伍元陆角整			小写：¥425.60					王青　　李羽　 2024 年 12 月 30 日

现金付讫

业务83

中国工商银行　电汇凭证（回单）　　4

□普通　□加急　　委托日期 2024 年 12 月 30 日

汇款人	全　称	吉林电器厂	收款人	全　称	南方吉祥电器制造厂	
	账　号	647925819657		账　号	267506190241	此联是汇出行交给汇款人的回单
	汇出地点	吉林省吉林市 / 县		汇入地点	海南省南方市 / 县	
	汇出行名称	工行吉林市分行		汇入行名称	工行南方市分行	
金额	人民币 （大写）	叁拾万贰仟壹佰伍拾陆元柒角捌分		千 百 十 万 千 百 十 元 角 分 ¥　　3 0 2 1 5 6 7 8		
			支付密码			
			附加信息及用途：收回前欠货款			
	中国工商银行吉林市分行 2024.12.30 转帐转讫					
	汇款人开户银行签章		复核　张珍敏　　记账　邢颓娟			

业务 84-1

企业名称：南方吉祥电器制造厂

职工工资汇总分配表

2024 年 12 月 30 日

金额单位：元

部　门		基础工资	岗位津贴	职务职称	工龄工资	合　计
生产车间	A产品生产工人	29 700.00	15 000.00	14 000.00	3 000.00	61 700.00
	B产品生产工人	20 000.00	10 000.00	11 000.00	2 300.00	43 300.00
	C产品生产工人	24 000.00	15 000.00	9 000.00	3 100.00	51 100.00
	D产品生产工人	22 000.00	12 000.00	7 000.00	2 400.00	43 400.00
	一车间管理人员	22 000.00	9 800.00	5 200.00	2 400.00	39 400.00
	二车间管理人员	17 000.00	9 400.00	3 100.00	2 000.00	31 500.00
机修车间	生产工人	11 000.00	6 560.00	4 320.00	1 720.00	23 600.00
销售机构人员		10 600.00	2 700.00	1 900.00	1 300.00	16 500.00
行政管理人员		11 800.00	3 400.00	2 100.00	1 600.00	18 900.00
合　计		168 100.00	83 860.00	57 620.00	19 820.00	329 400.00

部门负责人：代保珍　　审核：李文海　　制表人：杨明

业务 84-2

职工薪酬汇总分配表

金额单位：元

部　门		职工工资	短期薪酬					离职后福利			合　计
			社会保险 8%		工伤保险 1%	住房公积金 10%	小　计	设定提存计划		小　计	
			医疗保险 8%					养老保险 16%	失业保险 1.5%		
基本生产车间	A产品生产工人	61 700.00	4 936.00	617.00	6 170.00	73 423.00	9 872.00	925.50	1 097.50	84 220.50
	B产品生产工人	43 300.00	3 464.00	433.00	4 330.00	51 527.00	6 928.00	649.50	7 577.50	59 104.50
	C产品生产工人	51 100.00	4 088.00	511.00	5 110.00	60 809.00	8 176.00	766.50	8 942.50	69 751.50
	D产品生产工人	43 400.00	3 472.00	434.00	4 340.00	51 646.00	6 944.00	651.00	7 595.00	59 241.00
	一车间管理人员	39 400.00	3 152.00	394.00	3 940.00	46 886.00	6 304.00	591.00	6 895.00	53 781.00
	二车间管理人员	31 500.00	2 520.00	315.00	3 150.00	37 485.00	5 040.00	472.50	5 512.50	42 997.50
机修车间	生产工人	23 600.00	1 888.00	236.00	2 360.00	28 084.00	3 776.00	354.00	4 130.00	32 214.00
销售机构人员		16 500.00	1 320.00	165.00	1 650.00	19 635.00	2 640.00	247.50	2 887.50	22 522.50
行政管理人员		18 900.00	1 512.00	189.00	1 890.00	22 491.00	3 024.00	283.50	3 307.50	25 798.50
合　计		329 400.00	26 352.00	3 294.00	32 940.00	391 986.00	52 704.00	4 941.00	57 645.00	449 631.00

业务 85

福利费用分配表

企业名称：南方吉祥电器制造厂　　　　2024 年 12 月 30 日　　　　金额单位：元

部门	项目		
	工资费用	提取率	分配金额
基本生产车间：			
A 产品	61 700	14%	8 638
B 产品	43 300	14%	6 062
C 产品	51 100	14%	7 154
D 产品	43 400	14%	6 076
制造车间：			
一车间	39 400	14%	5 516
二车间	31 500	14%	4 410
辅助生产车间：			
机修车间	23 600	14%	3 304
销售部门	16 500	14%	2 310
行政部门	18 900	14%	2 646
合　计	329 400	14%	46 116

财务科长：代保珍　　　　审核：李文海　　　　制表人：杨明

业务 86

工会经费、职工教育经费分配表

企业名称：南方吉祥电器制造厂　　　　2024 年 12 月 30 日　　　　金额单位：元

部门	项目			
	工资费用	工会经费（2%）	职工教育经费（8%）	分配金额
基本生产车间：				
A 产品	61 700	1 234	4 936	6 170
B 产品	43 300	866	3 464	4 330
C 产品	51 100	1 022	4 088	5 110
D 产品	43 400	868	3 472	4 340
制造车间：				
一车间	39 400	788	3 152	3 940
二车间	31 500	630	2 520	3 150
辅助生产车间：				
机修车间	23 600	472	1 888	2 360
销售部门	16 500	330	1 320	1 650
行政部门	18 900	378	1 512	1 890
合　计	329 400	6 588	26 352	32 940

财务科长：代保珍　　　　审核：李文海　　　　制表人：杨明

业务 87-1

中国工商银行 转账支票存根
00657869

附加信息 _____

出票日期　年　月　日
收　款　人：
金　　　额：
用　　　途：
单位主管　　　会计

中国工商银行 转账支票　　00657869

出票日期（大写）　　年　月　日　付款行名称：
收款人：　　　　　　　　　　　出票人账号：
人民币（大写）　　　　　　亿 千 百 十 万 千 百 十 元 角 分

付款期限自出票之日起十天

用途 _____　　　密码 _____
上列款项请从　　　　　　行号 _____
我账户内支付
出票人签章（南方吉祥电器制造厂 财务专用章）　复核（印 王青）记账

业务 87-2

南方市企业单位
往来收据

收款日期：2024 年 12 月 30 日　　　　　　　　No.23408

今收到：<u>南方吉祥电器制造厂</u>

交　来：<u>工会经费</u>

人民币（大写）<u>陆仟伍佰捌拾捌元整</u>　　¥ <u>6588.00</u>

备注：

（章：南方市总工会 财务专用章）

收款单位：（章）南方市总工会　　收款人：田诚娅　　经办人：李守法

第二联　交款人收执

业务 88

材料验收单汇总表

No.001209

企业名称：南方吉祥电器制造厂　　2024 年 12 月 30 日　　金额单位：元

材料名称	材料时间	规格	单位	实际 数量	实际 单价	实际 金额	计划 数量	计划 单价	计划 金额	备注
甲材料	2024.12.01	JCL369	千克							电汇
甲材料	2024.12.22	JCL369	千克							信汇
小计						187000			165000	
乙材料	2024.12.01	YCL258	千克							赊购
乙材料	2024.12.19	YCL258	千克							商业汇票
乙材料	2024.12.26	YCL258	千克							信汇
小计						129000			112500	
						316000			277500	

仓储主管：张有宝　　验收人：王峰　　采购主管：王赐中　　采购员：林超

业务 89

材料成本差异计算表

企业名称：南方吉祥电器制造厂　　2024 年 12 月 30 日　　金额单位：元

成本差异	项 目 实际成本	项 目 计划成本	项 目 材料成本差异
甲材料			
乙材料			
合 计	316000.00	277500.00	38500.00

财务科长：代保珍　　审核：李文海　　制表人：杨明

业务 90-1

材料消耗汇总表

企业名称：南方吉祥电器制造厂　　2024 年 12 月 31 日　　金额单位：元

用 途		主要材料——甲材料 数量	主要材料——甲材料 金额	辅助材料 数量	辅助材料 金额	合 计
产品领用	A 产品					
	B 产品					
	C 产品					
	D 产品					
生产车间一般耗费领用	一车间					
	二车间					
辅助车间领用	机修车间					
厂部及科技部门						
对外销售						
合 计		30325	333575			

财务科长：代保珍　　审核：李文海　　制表人：杨明

业务 90-2

材料消耗汇总表

企业名称：南方吉祥电器制造厂　　　　2024年12月31日　　　　　　　　金额单位：元

用　途		材料名称				合　计
		主要材料——乙材料		辅助材料		
		数量	金额	数量	金额	
产品领用	A 产品					
	B 产品					
	C 产品					
	D 产品					
生产车间一般耗费领用	一车间					
	二车间					
辅助车间领用	机修车间					
厂部及科技部门						
对外销售						
合　计		20155	181395			

财务科长：代保珍　　　　　审核：李文海　　　　　制表人：杨明

业务 91-1

甲材料成本差异分配表

企业名称：南方吉祥电器制造厂　　　　2024年12月31日　　　　　　　　金额单位：元

部门（科目）	材料计划成本	材料成本差异率	分摊材料成本差异
产品领用：			
A 产品	220 000		
B 产品	110 000		
C 产品			
D 产品			
车间一般消耗：			
一车间	880		
二车间	660		
辅助车间领用：			
机修车间	550		
厂部及科技部门	935		
对外销售	550		
合　计	333575.00		26585.94

财务科长：代保珍　　　　　审核：李文海　　　　　制表人：杨明

业务 90 解析　　　　业务 91 解析

业务 91-2

乙材料成本差异分配表

企业名称：南方吉祥电器制造厂　　　　2024 年 12 月 31 日　　　　金额单位：元

部门（科目）	材料计划成本	材料成本差异率	分摊材料成本差异
产品领用：			
A 产品			
B 产品			
C 产品	81 000		
D 产品	99 000		
车间一般消耗：			
一车间	450		
二车间	270		
辅助车间领用：			
机修车间	360		
厂部及科技部门	315		
对外销售			
合　计	181395.00		14076.25

财务科长：代保珍　　　　审核：李文海　　　　制表人：杨明

业务 92

电费分配表

企业名称：南方吉祥电器制造厂　　　2024 年 12 月 31 日　　　（分配率保留小数点后 4 位）

项　目		用　途		
		耗电量/度	分配率/(元/度)	分配金额/元
基本生产车间	一车间	28000.00		
	二车间	12000.00		
小　计		40000.00		
机修车间		6000.00		
厂部		4000.00		
合　计		50000.00		40000.00

财务科长：代保珍　　　　审核：李文海　　　　制表人：杨明

业务 92-94 解析

业务 93

水费分配表

企业名称：南方吉祥电器制造厂　　2024年12月31日　　（分配率保留小数点后4位）

项　目		用　途		
		耗水量/吨	分配率/(元/吨)	分配金额/元
基本生产车间	一车间	4100.00		
	二车间	3800.00		
小　计		7900.00		
机修车间		650.00		
厂部		517.40		
合　计		9067.40		1813.48

财务科长：代保珍　　　　审核：李文海　　　　制表人：杨明

业务 94

辅助生产费用（机修车间）分配表

企业名称：南方吉祥电器制造厂　　2024年12月31日　　（分配率保留小数点后4位）

受益部门	维修工时/小时	分配率/(元/小时)	分配额/元
一车间	2400.00		
二车间	2000.00		
厂部	600.00		
合　计	5000.00		55864.40

财务科长：代保珍　　　　审核：李文海　　　　制表人：杨明

业务 95-1

制造费用分配表（一车间）

企业名称：南方吉祥电器制造厂　　2024年12月31日　　（分配率保留小数点后4位）

受益部门	生产工时/小时	分配率/(元/小时)	分配额/元
A产品	5000		
B产品	3000		
合　计	8000		162473.69

财务科长：代保珍　　　　审核：李文海　　　　制表人：杨明

业务95解析

业务 95-2

制造费用分配表（二车间）

企业名称：南方吉祥电器制造厂　　　　2024 年 12 月 31 日　　　　（分配率保留小数点后 4 位）

受益部门	生产工时 / 小时	分配率 /（元 / 小时）	分配额 / 元
C 产品	3600		
D 产品	2400		
合计	6000		121121.12

财务科长：代保珍　　　　　　审核：李文海　　　　　　制表人：杨明

业务 96-1

产品成本计算单

企业名称：南方吉祥电器制造厂　　2024 年 12 月 31 日　　产品名称：A 产品　　金额单位：元

项　目	数量 / 件	直接材料	直接人工	制造费用	合　计
月初在产品成本	290	10972.65	6117.72	5543.73	22634.10
本月生产费用	3800				438108.50
生产费用合计					460742.60
约当产量（50%）					
分配率（保留小数点后 4 位）/（元 / 件）					
月末完工产品成本	3100				371367.60
月末在产品成本	990				89375.00

财务科长：代保珍　　　　　　审核：李文海　　　　　　制表人：杨明

业务 96-2

产品成本计算单

企业名称：南方吉祥电器制造厂　　2024 年 12 月 31 日　　产品名称：B 产品　　金额单位：元

项　目	数量 / 件	直接材料	直接人工	制造费用	合　计
月初在产品成本	110	4162.04	2320.52	2102.79	8585.35
本月生产费用	1800				249191.19
生产费用合计					257776.54
约当产量（70%）					
分配率（保留小数点后 4 位）/（元 / 件）					
月末完工产品成本	1700				233528.66
月末在产品成本	210				24247.88

财务科长：代保珍　　　　　　审核：李文海　　　　　　制表人：杨明

业务 96-1 解析　　　　业务 96-2 解析

业务 96-3

产品成本计算单

企业名称：南方吉祥电器制造厂　　2024年12月31日　　产品名称：C产品　　金额单位：元

项　目	数量/件	直接材料	直接人工	制造费用	合　计
月初在产品成本	270	6398.60	4184.67	3727.85	14311.12
本月生产费用	1900				266113.94
生产费用合计					280425.06
约当产量（60%）					
分配率（保留小数点后4位）/（元/件）					
月末完工产品成本	1500				209679.45
月末在产品成本	670				70745.61

财务科长：代保珍　　审核：李文海　　制表人：杨明

业务 96-4

产品成本计算单

企业名称：南方吉祥电器制造厂　　2024年12月31日　　产品名称：D产品　　金额单位：元

项　目	数量/件	直接材料	直接人工	制造费用	合　计
月初在产品成本	230	5450.66	3564.71	3175.58	12190.95
本月生产费用	2200				224787.68
生产费用合计					236978.63
约当产量（65%）					
分配率（保留小数点后4位）/（元/件）					
月末完工产品成本	2300				226555.75
月末在产品成本	130				10422.88

财务科长：代保珍　　审核：李文海　　制表人：杨明

业务 97-1

产品销售汇总单

企业名称：南方吉祥电器制造厂　　2024年12月31日　　金额单位：元

名称及规格	销售时间	计量单位	数　量	单位成本/（元/件）	总成本
A产品	2024.12.04（业务16）	件			
A产品	2024.12.12（业务39）	件			
A产品	2024.12.24（业务66）	件			
合　计			2200		239294.00

财务科长：代保珍　　审核：李文海　　制表人：杨明

业务97-2

产品销售汇总单

企业名称：南方吉祥电器制造厂　　　2024年12月31日　　　　　　　　　　金额单位：元

名称及规格	销售时间	计量单位	数　量	单位成本/（元/件）	总成本
B产品	2024.12.05（业务20）	件			
B产品	2024.12.15（业务42）	件			
B产品	2024.12.17（业务48）	件			
B产品	2024.12.26（业务73）	件			
合　计			1700		168810.00

财务科长：代保珍　　　　　审核：李文海　　　　　制表人：杨明

业务98

增值税纳税申报表

金额单位：元

纳税人名称	南方吉祥电器制造厂				微机编号		WJPH20190101			
纳税期限	2025年1月10日	税款所属期限		2024年12月1日至 2024年12月31日		统一社会信用代码		914601007674774536		
应税货物或劳务名称	计税数量	计量单位	计税依据	税率	销项税额	进项税额 合计	其中，本期允许抵扣	应纳税额	减免税额	批准缓税额	本期申报应纳税额
1	2	3	4	5	6=4×5	7	8	9=6-8	10	11	12=9-10-11
A产品	2 200	件	44 000.00	13%	57 200.00						
B产品	1 700	件	306 000.00	13%	39 780.00						
甲材料	50	千克	849.56	13%	110.44						
铁盒	48	个	11 647.43	13%	1 514.17						
购料劳务及服务							64 735.72				
合计					98 604.61		64 735.72	33 868.89			33 868.89
城建税			33 868.89	7%							2 370.82
教育费附加			33 868.89	3%							1 016.07
附列资料	增值税专用发票领、用、存情况				零购数量/组		使用数量/组	作废数量/组		结存数量/组	
申报单位可代理机构	申报人（公章）或代理人（签名或盖章） 申报日期：　代理人： 2024年12月31日					税务机关审核	审核日期. 审核时间： 审核人：			（章）	

201

业务 99-1

交易性金融资产期末成本与市价对比表

企业名称：南方吉祥电器制造厂　　　　2024年12月31日　　　　金额单位：元

交易性金融资产明细账	交易性金融资产期末成本	交易性金融资产期末市价	本期交易性金融资产公允价值变动金额
新大洲债券		53600.00	
合　计		53600.00	

财务科长：代保珍　　　　审核：李文海　　　　制表人：杨明

业务 99-2

其他权益工具投资期末成本与市价对比表

企业名称：南方吉祥电器制造厂　　　　2024年12月31日　　　　金额单位：元

其他权益工具投资明细账	其他权益工具投资期末成本	其他权益工具投资期末市价	本期其他权益工具投资公允价值变动金额
罗牛山股票		106250.00	
合　计		106250.00	

财务科长：代保珍　　　　审核：李文海　　　　制表人：杨明

业务 100

存货跌价准备计算表

企业名称：南方吉祥电器制造厂　　　　2024年12月31日　　　　金额单位：元

存货类账户名称	期末余额	期末可变现净值	存货跌价准备额
材料采购		0	
库存商品		1503804.00	
原材料（实际成本）		200959.23	
周转材料		2004.00	
基本生产成本		184734.24	
委托加工物资		0	
合　计	1899682.23	1891501.47	10258.30

财务科长：代保珍　　　　审核：李文海　　　　制表人：杨明

业务 101-1

坏账准备计算表（应收账款）

企业名称：南方吉祥电器制造厂　　　　2024年12月31日　　　　　　　　金额单位：元

项　目	期初余额	期末余额	计提比例	计提坏账准备
应收账款			5‰	
合　计				

财务科长：代保珍　　　　　　审核：李文海　　　　　　制表人：杨明

业务 101-2

坏账准备计算表（其他应收账款）

企业名称：南方吉祥电器制造厂　　　　2024年12月31日　　　　　　　　金额单位：元

项　目	期初余额	期末余额	计提比例	计提坏账准备
其他应收账款			5‰	
合　计				

财务科长：代保珍　　　　　　审核：李文海　　　　　　制表人：杨明

业务 102

收入及利得类账户本月发生额汇总表

企业名称：南方吉祥电器制造厂　　　　2024年12月31日　　　　　　　　金额单位：元

收入及利得类账户	金　额
主营业务收入——A 产品	
主营业务收入——B 产品	
其他业务收入	
投资收益	
营业外收入	
合　计	805517.99

财务科长：代保珍　　　　　　审核：李文海　　　　　　制表人：杨明

业务 101 解析　　　　　　业务 102 和 103 解析

业务 103

费用及损失类账户本月发生额汇总表

企业名称：南方吉祥电器制造厂　　　2024 年 12 月 31 日　　　　　　　　　　金额单位：元

费用及损失类账户	金　额
主营业务成本——A 产品	
主营业务成本——B 产品	
其他业务成本	
税金及附加	
销售费用	
管理费用	
财务费用	
营业外支出	
资产减值损失	
信用减值损失	
公允价值变动损益	
合　　计	574515.10

财务科长：代保珍　　　　审核：李文海　　　　制表人：杨明

业务 104-1

应交所得税计算表

企业名称：南方吉祥电器制造厂　　　2024 年 12 月 31 日　　　　　　　　　　金额单位：元

项　目	金　额
税前会计利润	
加（或减）：永久性差异	
加（或减）：暂时性差异	
应纳税所得额	
所得税税率	25%
本期应交所得税	62247.05

财务科长：代保珍　　　　审核：李文海　　　　制表人：杨明

业务 104-2

永久性差异计算表

企业名称：南方吉祥电器制造厂　　　2024 年 12 月 30 日　　　　　　　　　　金额单位：元

项　目	金　额	备　注
全年业务招待费	8200.00	
全年业务招待费的 60%	4920.00	
全年销售收入	8335201.38	
全年销售收入的 5‰	41676.01	
全年业务招待费的 60% 与全年销售收入的 5‰ 之较低者	4920.00	
按税法规定最低扣除限额	4920.00	
永久性差异（全年业务招待费 - 税法规定最低扣除限额）	3280.00	
全年业务招待费纳税调整增加额	3280.00	

财务科长：代保珍　　　　审核：李文海　　　　制表人：杨明

业务 104-3

暂时性差异计算表

企业名称：南方吉祥电器制造厂　　　　2024 年 12 月 31 日　　　　金额单位：元

项　目	账面价值	计税基础	应纳税暂时性差异	可抵扣暂时性差异
交易性金融资产				
应收账款				
存货				
其他权益工具投资				
固定资产				
无形资产				
其他应收款				
预计负债				
合　计			6250.00	14705.30

财务科长：代保珍　　　　审核：李文海　　　　制表人：杨明

业务 104-4

暂时性差异的所得税影响金额计算表

企业名称：南方吉祥电器制造厂　　　　2024 年 12 月 31 日　　　　金额单位：元

暂时性差异	金　额	所得税税率	暂时性差异的所得税影响金额
可抵扣暂时性差异	14705.30	25%	3676.33
应纳税暂时性差异	6250.00	25%	1562.50
合　计			

财务科长：代保珍　　　　审核：李文海　　　　制表人：杨明

业务 105

所得税费用计算表

企业名称：南方吉祥电器制造厂　　　　2024 年 12 月 31 日　　　　金额单位：元

所得税费用项目	所得税费用	金　额
本期应交所得税	当期所得税费用	
加：可抵扣暂时性差异所得税影响	递延所得税费用	
应纳税暂时性差异所得税影响	递延所得税费用	
减：可抵扣暂时性差异所得税影响	递延所得税费用	
应纳税暂时性差异所得税影响	递延所得税费用	
本期计入当期损益的所得税费用		58570.72

财务科长：代保珍　　　　审核：李文海　　　　制表人：杨明

业务 104 解析　　　　业务 105 和 106 解析

业务 106

本年税后利润（净利润）计算表

企业名称：南方吉祥电器制造厂　　2024 年 12 月 31 日　　　　　　金额单位：元

项　　目	金　　额
1 月—11 月税后利润	
12 月税后利润	
本年税后利润	1424373.47

财务科长：代保珍　　　　审核：李文海　　　　制表人：杨明

业务 107

利润分配（提取盈余公积）计算表

企业名称：南方吉祥电器制造厂　　2024 年 12 月 31 日　　　　　　金额单位：元

利润分配项目	计提基数	计提比例	计提金额
提取法定盈余公积金		10%	
提取任意盈余公积金		5%	
合计			213656.02

财务科长：代保珍　　　　审核：李文海　　　　制表人：杨明

业务 108

利润分配项目结转计算表

企业名称：南方吉祥电器制造厂　　2024 年 12 月 31 日　　　　　　金额单位：元

利润分配项目	利润分配其他项目转入利润分配最终项目	结转金额
提取法定盈余公积	利润分配——未分配利润	
提取任意盈余公积	利润分配——未分配利润	
合计		213656.02

财务科长：代保珍　　　　审核：李文海　　　　制表人：杨明

业务 107 和 108 解析　　业务 109 解析　　业务 110 解析

第4章 会计信息化综合实训

> **本章学习要点**
>
> 本章是要求同第 3 章一起进行手工账务处理和使用会计软件的信息化账务处理并行的综合实训。通过本实训,要求学生能系统地掌握会计软件的初始化工作,熟悉日常业务处理的主要内容和操作方法、出纳管理的内容和处理方法及期末业务的内容和处理方法,掌握如何利用报表系统创建会计报表。

4.1 会计信息化综合实训的目的和要求

会计信息化综合实训

1. 实训目的

① 掌握基础设置的内容和方法。
② 系统学习总账初始化、日常业务处理的主要内容和操作方法。
③ 掌握出纳管理的内容和处理方法。
④ 熟悉期末业务的内容和处理方法。
⑤ 掌握报表格式定义、公式定义的操作方法。
⑥ 掌握报表数据处理、表页管理及图表功能等操作方法。
⑦ 掌握资产负债表、利润表和现金流量表的编制方法和步骤。
⑧ 在操作过程中对比手工账务处理和信息化处理结果的异同。

2. 实训要求

① 建立账套。
② 设置操作员,进行权限分配。
③ 录入部门、职员、客户、供应商等档案。

④ 定义外币及汇率，设置凭证类别和结算方式等系统参数。

⑤ 编辑会计科目。

⑥ 录入期初余额。

⑦ 对系统数据进行备份操作。

⑧ 填制记账凭证。

⑨ 修改和审核记账凭证。

⑩ 记账。

⑪ 设置自动生成转账凭证。

⑫ 自动生成转账凭证并审核记账。

⑬ 对账和结账。

⑭ 为南方吉祥电器制造厂创建"资产负债表"、"利润表"和"现金流量表"。

⑮ 查询输出各类账表。

⑯ 结转年度账。

> **提示**
> - 会计软件可选用用友 U8 系统、金蝶 K/3 系统。
> - 为保证实训工作的顺利进行，建议在实训开始前认真学习实训目的和要求。

4.2　会计信息化综合实训初始设置资料

1. 系统管理

（1）账套信息

账套号：101

账套名称：南方吉祥电器制造厂 2024 年账

启用日期：2024-12-01

会计期间设置：2024 年 01 月 01 日—12 月 31 日

单位名称：南方吉祥电器制造厂

单位简称：吉祥电器

地址：南方市海利路 118 号

法人代表：王青

纳税人登记号：914601007674774536

开户银行：工行南方市分行

账号：267506190241（人民币户）

本币代码：RMB

本币名称：人民币

企业类型：工业

行业性质：新会计制度科目

会计科目编码级次：42222；存货数量、存货单价、开票单价、件数及换算率的小数位均为2。

提示

- 账套号、账套名称可根据实际需要设置。
- 用友U850系统中的新会计制度科目不是2006年《企业会计准则应用指南》中规定的会计科目。如果使用此系统，建议不启用行业预置会计科目。

（2）财务人员及其权限

系统管理员：Admin。具有系统管理权。

账套主管：代保珍。具有账套管理权，拥有本账套的全部权限。

财务科副科长：李民。具有总账、报表、模块全部权限。

会计：李文海。具有工资、固定资产模块全部权限。

出纳：周州。具有出纳管理权限。

提示

为保证系统安全，明确划分职责，建议为每个操作员设置不同的密码。

2. 公共信息设置

（1）部门档案（见表4-1）

表4-1　部门档案

编 号	名 称	部门属性	负责人
1	行政部	综合管理	王成
101	厂部办公室	管理	叶权豪
102	财务科	财务	代保珍
103	总务科	保管、检验	张有宝
104	成本核算科	成本核算	李群
2	销售科	销售	彭智
3	供应科	供应	王赐中
4	生产管理科	生产	黄力佳
401	第一生产车间	产品生产	刘强
402	第二生产车间	产品生产	朱晓林
403	机修车间	机器修理	李立

（2）职员档案（见表4-2）

表4-2　职员档案

职员编号	职员名称	所属部门	职员属性
10101	王青	厂部办公室	厂长
10102	王成	厂部办公室	副厂长
10103	赵明雄	厂部办公室	副厂长
10201	代保珍	财务科	财务主管
10202	李民	财务科	副科长
10203	李文海	财务科	会计
10204	周州	财务科	出纳
10301	张有宝	总务科	科长
10302	王峰	总务科	副科长
10303	黎明	总务科	设备主管
10401	李群	成本核算科	科长
10402	杨明	成本核算科	副科长
00201	彭智	销售科	科长
00202	毛业	销售科	副科长
00301	王赐中	供应科	科长
00302	林超	供应科	副科长
40101	刘强	第一生产车间	车间主任
40201	朱晓林	第二生产车间	车间主任
40301	李立	修理车间	车间主任

（3）客户档案（见表4-3）

表4-3　客户档案

客户编码	客户名称	客户简称
101	河南无线电厂	河南无线电
102	南京无线电厂	南京无线电
103	商丘电器贸易有限公司	商丘电器
104	吉林电器厂	吉林电器
105	沈阳电器商贸有限责任公司	沈阳电器
106	广东利奋电子有限公司	广东利奋
107	南昌机电厂	南昌机电
108	湖北通益电器有限公司	湖北通益
109	山西广播电视影业有限公司	山西广电

（4）供应商档案（见表4-4）

表4-4　供应商档案

供应商编码	供应商名称	供应商简称
201	长沙有色金属材料厂	长沙有色
202	上海远华实业有限公司	上海远华
203	浙江华阳模具有限公司	浙江华阳
204	唐山有色金属材料有限公司	唐山有色
205	广州泉达五金有限公司	广州五金
206	武汉机械制配厂	武汉机械
207	武汉金属材料有限公司	武汉金属
208	南方冶炼厂	南方冶炼
209	南方市供电局	南方供电
210	南方市自来水公司	南方自来水

（5）项目目录（见表4-5）

表4-5　项目目录

项目设置步骤	设置内容
项目大类	生产费用
核算科目	直接材料（50010101） 直接人工（50010102） 制造费用（50010103）
项目分类	1. 家用电器 2. 其他
项目名称	001.A产品（家用电器类） 002.B产品（家用电器类） 003.C产品（家用电器类） 004.D产品（家用电器类）

提示

- 此处所列的职员档案和部门档案并不是该企业的全部人员和部门，仅列举与软件操作有关的部分。
- 客户档案和供应商档案可在日常业务中根据需要随时增加。
- 项目目录主要用于生产成本按产品类别的核算。

3. 总账系统初始设置

（1）业务控制参数（见表4-6）

表 4-6　业务控制参数

选项卡	参数设置
凭证	制单序时控制 支票控制 赤字控制：资金及往来科目 允许修改、作废他人填制的凭证 可以使用应收、应付受控科目 凭证编号方式：系统编号 打印凭证页脚姓名 凭证审核控制到操作员 出纳凭证必须经由出纳签字 外币核算：固定汇率 进行预算控制
账簿	账簿打印位数每页打印行数按软件的标准设置 明细账打印按年排页
会计日历	会计日历为 1 月 1 日—12 月 31 日
其他	数量小数位和单价小数位设为 2 位 部门、个人、项目按编码方式排序 其他项目采用系统默认设置

提示

不同会计软件对业务控制参数的设置方法稍有不同，此处以用友 U8 系统为例。

（2）凭证类别（见表 4-7）

表 4-7　凭证类别

类　型	限制类型	限制科目
收款凭证	借方必有	1001,1002
付款凭证	贷方必有	1001,1002
转账凭证	凭证必无	1001,1002

（3）结算方式（见表 4-8）

表 4-8　结算方式

编　码	结算方式	票据管理标志
1	现金结算	
2	支票	
201	现金支票	√
202	转账支票	√
3	商业汇票	
301	商业承兑汇票	
302	银行承兑汇票	
4	银行汇票	
5	其他	

(4)会计科目(见表4-9)

表4-9 会计科目　　　　　　　　　　　　　　　元

科目名称	辅助核算	方向	累计借方发生额	累计贷方发生额	期初余额
库存现金（1001）	日记账（指定科目）	借			3 185.76
银行存款（1002）	日记账、银行账（指定科目）	借			4 448 617.28
交易性金融资产（1101）		借			116 400.00
琼金盘股票(110101)		借			61 300.00
成本(11010101)		借			61 300.00
公允价值变动(11010102)		借			0
新大洲债券(110102)		借			55 100.00
成本(11010201)		借			55 100.00
公允价值变动(11010202)		借			0
应收票据（1121）		借			0
银行承兑汇票		借			0
商业承兑汇票		借			0
应收账款（1122）	客户往来	借			814 856.78
预付账款（1123）	供应商往来	借			86 980.00
其他应收款（1221）	个人往来部门核算	借			65 000.00
坏账准备（1231）		贷			4 126.88
应收账款		贷			3 820.26
其他应收款		贷			306.62
其他权益工具投资（1301）		借			100 000.00
罗牛山股票（130101）	数量核算（股）	借			100 000.00
成本（13010101）	12000股，8元/股	借			100 000.00
公允价值变动(13010102)		借			0
材料采购（1401）		借			0
甲材料		借			0
乙材料		借			0
原材料（1403）		借			445 140.00
甲材料（140301）	数量核算/千克 23 000 千克 11.00 元/千克	借			253 000.00
乙材料（140302）	数量核算/千克 19 000 千克 9.00 元/千克	借			171 000.00
M自制半成品（140303）	数量核算/件 700 件 30.20 元/件	借			21 140.00
丁材料（140304）	数量核算/件	借			0
材料成本差异（1404）		借			16 792.59
甲材料成本差异(140401)		借			11 300.41

（续表）

科目名称	辅助核算	方向	累计借方发生额	累计贷方发生额	期初余额
乙材料成本差异（140402）		借			5 492.18
库存商品（1405）		借			868 699.00
A 产品（140501）	数量核算 / 件	借			511 219.00
	4 700 件 108.77 元 / 件				
B 产品（140502）	数量核算 / 件	借			357 480.00
	3 600 件 99.30 元 / 件				
周转材料（1411）		借			25 020.00
低值易耗品（141101）		借			18 780.00
工作服（14110101）		借			17 700.00
手套（14110102）		借			1 080.00
文件柜（14110103）		借			0
在用（1411010301）		借			0
在库（1411010302）		借			0
摊销（1411010303）		借			0
包装物（141102）		借			6 240.00
铁盒（14110201）		借			6 240.00
其他（141103）		借			0
存货跌价准备（1471）		借			0
债权投资（1501）		借			640 000.00
南昌制药厂（150101）		借			200 000.00
成本（15010101）		借			200 000.00
应计利息（15010102）		借			0
沈阳电厂（150102）		借			440 000.00
成本（15010201）		借			400 000.00
应计利息（15010202）		借			40 000.00
长期股权投资（1511）		借			280 000.00
深圳机电（151101）		借			180 000.00
南方大强（151102）		借			100 000.00
固定资产（1601）		借			3 644 193.26
房屋及建筑物（160101）	部门核算	借			2 589 007.95
机器设备（160102）	部门核算	借			1 055 185.31
交通运输设备（160103）	部门核算	借			0
累计折旧（1602）		贷			195 368.44
房屋及建筑物（160201）	部门核算	贷			138 799.95
机器设备（160202）	部门核算	贷			56 568.49
交通运输设备（160203）	部门核算	贷			0
在建工程（1604）		借			558 632.80
铣床（160401）		借			231 904.51

（续表）

科目名称	辅助核算	方向	累计借方发生额	累计贷方发生额	期初余额
仓库（160402）		借			326 728.29
挤压机（160403）		借			0
无形资产（1701）		借			120 000.00
专利权（170101）	部门核算	借			120 000.00
累计摊销（1702）	部门核算	贷			2 000.00
短期借款（2001）		贷			58 000.00
工商银行（200101，3个月，年利率5%）		贷			20 000.00
工商银行（200102，9个月，年利率6%）		贷			38 000.00
应付票据（2201）		贷			170 000.00
银行承兑汇票（220101）		贷			100 000.00
商业承兑汇票（220102）		贷			70 000.00
应付账款（2202）	供应商往来	贷			83 654.85
预收账款（2203）	客户往来	贷			40 000.00
应付职工薪酬（2211）		贷			58 955.12
工资（221101）		贷			0
职工福利（221102）		贷			54 716.19
工会经费（221103）		贷			0
职工教育经费（221104）		贷			4 238.93
社会保险费（221105）		贷			0
住房公积金（221106）		贷			0
非货币性福利（221107）		贷			0
应交税费（2221）		贷			23 863.15
应交增值税（222101）		贷			0
进项税额（22210101）		贷			0
已交税金（22210102）		贷			0
转出未交增值税（22210103）		贷			0
销项税额（22210105）		贷			0
转出多交增值税（22210106）		贷			0
未交增值税（222102）		贷			21 693.78
应交所得税（222106）		贷			0
应交城市维护建设税（222108）		贷			1 518.56
应交教育费附加（222109）		贷			650.81
应付利息（2231）		贷			1 330.00
应付股利（2232）		贷			0

(续表)

科目名称	辅助核算	方向	累计借方发生额	累计贷方发生额	期初余额
其他应付款（2241）		贷			13 161.60
长期借款（2501）		贷			1 200 000.00
工商银行（250101，5年期）					1 200 000.00
实收资本（4001）		贷			8 500 000.00
北京建设科技股份有限公司（400101）		贷			5 000 000.00
南方高科贸易有限公司（400102）		贷			2 000 000.00
广州建安房地产有限责任公司（400103）		贷			1 500 000.00
资本公积（4002）		贷			0
盈余公积（4101）		贷			351 481.37
法定盈余公积（410101）		贷			351 481.37
本年利润（4103）		贷			1 251 941.30
利润分配（4104）		贷			239 356.28
提取法定盈余公积（410402）		贷			0
提取任意盈余公积（410403）		贷			0
应付普通股股利（410410）		贷			0
未分配利润（410415）		贷			239 356.28
生产成本（5001）		借			57 721.52
基本生产成本（500101）		借			57 721.52
A产品（50010101）	项目核算	借			22 634.10
B产品（50010102）	项目核算	借			8 585.35
C产品（50010103）	项目核算	借			14 311.12
D产品（50010104）	项目核算	借			12 190.95
辅助生产成本（500102）		借			0
机修车间（50010201）		借			0
制造费用（5101）		借			0
一车间（510101）		借			0
二车间（510102）		借			0
主营业务收入（6001）		贷	7 571 404.39	7 571 404.39	0
A产品（600101）		贷	4 819 133.26	4 819 133.26	0
B产品（600102）		贷	2 752 271.13	2 752 271.13	0
其他业务收入（6051）		贷	5 300.00	5 300.00	0
公允价值变动损益（6101）		贷	0	0	0
投资收益（6111）		贷	28 234.00	28 234.00	0
营业外收入（6301）		贷	4 800.00	4 800.00	0

(续表)

科目名称	辅助核算	方向	累计借方发生额	累计贷方发生额	期初余额
主营业务成本（6401）		借	4 145 800.00	4 145 800.00	0
A产品（640101）		借	2 638 765.76	2 638 765.76	0
B产品（640102）		借	1 507 034.24	1 507 034.24	0
其他业务成本（6402）		借	2 300.00	2 300.00	0
税金及附加（6403）		借	162 719.27	162 719.27	0
销售费用（6601）		借	215 000.00	215 000.00	0
管理费用（6602）		借	1 192 811.34	1 192 811.34	0
工资（660201）		借	189 284.88	189 284.88	0
福利费（660202）		借	35 189.00	35 189.00	0
办公费（660203）		借	340 682.21	340 682.21	0
差旅费（660204）		借	244 390.51	244 390.51	0
运输费（660205）		借	18 500.00	18 500.00	0
折旧费（660206）		借	211 564.87	211 564.87	0
业务招待费（660207）		借	7 600.00	7 600.00	0
工会经费（660208）		借	42 980.00	42 980.00	0
职工教育经费（660209）		借	2 064.13	2 064.13	0
修理费（6602010）		借	24 299.82	24 299.82	0
水电费（6602011）		借	36 338.28	36 338.28	0
物料费（6602012）		借	37 917.64	37 917.64	0
摊销（6602017）		借	2 000.00	2 000.00	0
财务费用（6603）		借	5 124.67	5 124.67	0
资产减值损失（6701）		借	0	0	0
信用减值损失（6702）		借	0	0	0
营业外支出（6711）		借	17 414.00	17 414.00	0
所得税费用（6801）		借	616 627.81	616 627.81	0

（5）累计发生额与期初余额

① 科目累计发生额与期初余额见（4）中的会计科目表。

② 辅助科目余额如表4-10所示。

表4-10　辅助科目余额

会计科目：1131 应收账款　　　　　　　　　　　　　　　　　　借方余额：814 856.78 元

日　期	客　户	摘　要	方　向	余额/元
2024-10-20	河南无线电	销售商品	借	15 000.00
2024-11-10	南京无线电	销售商品	借	100 000.00
2024-11-29	商丘电器	销售商品	借	397 700.00
2024-07-10	吉林电器	销售商品	借	302 156.78

会计科目：1123 预付账款　　　　　　　　　　　　　　　　　　　　借方余额：86 980.00 元

日　期	供应商	摘要	方　向	余额／元
2024-11-15	唐山有色	购买商品	借	50 000.00
2024-11-28	广州五金	购买商品	借	36 980.00

会计科目：1133 其他应收款　　　　　　　　　　　　　　　　　　　借方余额：65 000.00 元

日　期	部　门	个　人	摘　要	方　向	余额／元
2024-11-01	销售科		备用金	借	30 000.00
2024-11-01	供应科		备用金	借	20 000.00
2024-11-14	厂部办公室	黄力佳	出差借款	借	15 000.00

会计科目：2121 应付账款　　　　　　　　　　　　　　　　　　　　贷方余额：83 654.85 元

日　期	供应商	摘要	方　向	余额／元
2024-10-23	长沙有色	购买商品	贷	31 654.85
2024-11-16	上海远华	购买商品	贷	32 000.00
2024-09-13	浙江华阳	购买商品	贷	20 000.00

会计科目：2203 预收账款　　　　　　　　　　　　　　　　　　　　贷方余额：40 000.00 元

日　期	客　户	摘　要	方　向	余额／元
2024-11-28	沈阳电器	销售商品	贷	40 000.00

会计科目：160101 固定资产——房屋及建筑物　　　　　　　　　　　借方余额：2 589 007.95 元

部　门	方　向	余额／元
第一生产车间	借	940 160.18
第二生产车间	借	641 902.77
机修车间	借	286 601.35
厂部办公室	借	720 343.65

会计科目：160102 固定资产——机器设备　　　　　　　　　　　　　借方余额：1 055 185.31 元

部　门	方　向	余额／元
一车间	借	509 754.26
二车间	借	451 816.84
机修车间	借	93 614.21

会计科目：160201 累计折旧——房屋及建筑物　　　　　　　　　　　贷方余额：138 799.95 元

部　门	方　向	余额／元
一车间	贷	50 401.99
二车间	贷	34 412.41
机修车间	贷	15 364.69
厂部	贷	38 620.86

会计科目：160202 累计折旧——机器设备　　　　　　　　　　　　　　贷方余额：56 568.49 元

部　门	方　向	余额/元
一车间	贷	27 327.93
二车间	贷	24 221.90
机修车间	贷	5 018.66

会计科目：170101 无形资产——专利权　　　　　　　　　　　　　　贷方余额：120 000.00 元

部　门	方　向	余额/元
行政部门	贷	120 000.00

会计科目：170102 累计摊销——专利权　　贷方余额：2000.00 元

部　门	方　向	余额/元
行政部门	贷	2 000.00

会计科目：5001 生产成本——基本生产成本　　　　单位：元　　　　　　借方余额：57 721.52 元

产品名称	会计科目			
^	直接材料（51010101）	直接人工（51010102）	制造费用（51010103）	合　计
A 产品	10 972.65	6 117.72	5 543.73	22 634.10
B 产品	4 162.04	2 320.52	2 102.79	8 585.35
C 产品	6 398.60	4 184.67	3 727.85	14 311.12
D 产品	5 450.66	3 564.71	3 175.58	12 190.95
合　计	26 983.95	16 187.62	14 549.95	57 721.52

4.3　会计信息化综合实训业务核算资料

1. 南方吉祥电器制造厂2024年12月份发生的经济业务参见第3章会计综合实训资料（共108笔经济业务）。

> **提示**
>
> 　　建议日常核算以手工方式和信息化方式同时进行，以便随时对比两种方式核算的结果，找出差异。

2. 资产负债表、利润表和现金流量表的格式如表4-11、表4-12、表4-13和表4-14所示。

表 4–11

资产负债表

会企 01 表

编制单位：南方吉祥电器制造厂　　2024 年 12 月 31 日　　单位：元

资产	期末余额	年初余额	负债和所有者权益	期末余额	年初余额
流动资产：			流动负债：		
货币资金			短期借款		
交易性金融资产			交易性金融负债		
衍生金融资产			衍生金融负债		
应收票据			应付票据		
应收账款			应付账款		
预付款项			预收款项		
其他应收款			合同负债		
存货			应付职工薪酬		
合同资产			应交税费		
持有待售资产			其他应付款		
一年内到期的非流动资产			持有待售负债		
其他流动资产			一年内到期的非流动负债		
流动资产合计			其他流动负债		
非流动资产：			流动负债合计		
债权投资			非流动负债：		
其他债权投资			长期借款		
长期应收款			应付债券		
长期股权投资			长期应付款		
其他权益工具投资			预计负债		
其他非流动金融资产			递延收益		
投资性房地产			递延所得税负债		
固定资产			其他非流动负债		
在建工程			非流动负债合计		
生产性生物资产			负债合计		
油气资产			所有者权益（或股东权益）：		
无形资产			实收资本（或股本）		
开发支出			其他权益工具		
商誉			资本公积		
长期待摊费用			减：库存股		
递延所得税资产			其他综合收益		
其他非流动资产			盈余公积		
非流动资产合计			未分配利润		
			所有者权益合计		
资产总计			负债和所有者权益总计		

表 4-12

利 润 表

编制单位：南方吉祥电器制造厂　　　2024 年 12 月　　　会企 02 表　单位：元

项　目	本期金额	上期金额
一、营业收入		
减：营业成本		
税金及附加		
销售费用		
管理费用		
研发费用		
财务费用		
其中：利息费用		
利息收入		
资产减值损失		
信用减值损失		
加：其他收益（损失以"-"号填列）		
投资收益（损失以"-"号填列）		
其中：对联营企业和合营企业的投资收益		
净敞口套期收益（损失以"-"号填列）		
公允价值变动收益（损失以"-"号填列）		
资产处置收益（损失以"-"号填列）		
二、营业利润（亏损以"-"号填列）		
加：营业外收入		
减：营业外支出		
三、利润总额（亏损总额以"-"号填列）		
减：所得税费用		
四、净利润（净亏损以"-"号填列）		
（一）持续经营净利润（净亏损以"-"号填列）		
（二）终止经营净利润（净亏损以"-"号填列）		
五、其他综合收益的税后净额		
（一）以后不能重分类进损益的其他综合收益		
（二）以后将重分类进损益的其他综合收益		
其中：其他债权投资公允价值变动损益		
六、综合收益总额		
七、每股收益		
（一）基本每股收益		
（二）稀释每股收益		

表 4-13

利 润 表

会企 02 表

编制单位：南方吉祥电器制造厂　　　　　　　　　2024 年度　　　　　　　　　　单位：元

项　目	本期金额	上期金额
一、营业收入		
减：营业成本		
税金及附加		
销售费用		
管理费用		
研发费用		
财务费用		
其中：利息费用		
利息收入		
资产减值损失		
信用减值损失		
加：其他收益（损失以"-"号填列）		
投资收益（损失以"-"号填列）		
其中：对联营企业和合营企业的投资收益		
净敞口套期收益（损失以"-"号填列）		
公允价值变动收益（损失以"-"号填列）		
资产处置收益（损失以"-"号填列）		
二、营业利润（亏损以"-"号填列）		
加：营业外收入		
减：营业外支出		
三、利润总额（亏损总额以"-"号填列）		
减：所得税费用		
四、净利润（净亏损以"-"号填列）		
（一）持续经营净利润（净亏损以"-"号填列）		
（二）终止经营净利润（净亏损以"-"号填列）		
五、其他综合收益的税后净额		
（一）以后不能重分类进损益的其他综合收益		
（二）以后将重分类进损益的其他综合收益		
其中：其他债权投资公允价值变动损益		
六、综合收益总额		
七、每股收益		
（一）基本每股收益		
（二）稀释每股收益		

表 4-14

现金流量表

编制单位：南方吉祥电器制造厂　　　　2024 年 12 月　　　　会企 03 表　单位：元

项　　目	本期金额	上期金额
一、经营活动产生的现金流量		
销售商品、提供劳务收到的现金		
收到的税费返还		
收到其他与经营活动有关的现金		
经营活动现金流入小计		
购买商品、接受劳务支付的现金		
支付给职工以及为职工支付的现金		
支付的各项税费		
支付其他与经营活动有关的现金		
经营活动现金流出小计		
经营活动产生的现金流量净额		
二、投资活动产生的现金流量		
收回投资收到的现金		
取得投资收益收到的现金		
处置固定资产、无形资产和其他长期资产收回的现金净额		
处置子公司及其他营业单位收到的现金净额		
收到其他与投资活动有关的现金		
投资活动现金流入小计		
购建固定资产、无形资产和其他长期资产支付的现金		
投资支付的现金		
取得子公司及其他营业单位支付的现金净额		
支付其他与投资活动有关的现金		
投资活动现金流出小计		
投资活动产生的现金流量净额		
三、筹资活动产生的现金流量		
吸收投资收到的现金		
取得借款收到的现金		
收到其他与筹资活动有关的现金		
筹资活动现金流入小计		
偿还债务支付的现金		
分配股利、利润或偿付利息支付的现金		
支付其他与筹资活动有关的现金		
筹资活动现金流出小计		
筹资活动产生的现金流量净额		
四、汇率变动对现金及现金等价物的影响		
五、现金及现金等价物净增加额		
加：期初现金及现金等价物余额		
六、期末现金及现金等价物余额		